BIOGRAPHIES NATIONALES

LAZARE HOCHE

GÉNÉRAL EN CHEF

DES ARMÉES DE LA MOSELLE, D'ITALIE
DES CÔTES DE CHERBOURG, DE BREST, ET DE L'OCÉAN
DE SAMBRE-ET-MEUSE ET DU RHIN

SOUS LA CONVENTION ET LE DIRECTOIRE

1793 — 1797

PAR

ÉMILE DE BONNECHOSE

PARIS
LIBRAIRIE DE L. HACHETTE ET Cⁱᵉ
BOULEVARD SAINT-GERMAIN, 77

—

1868

Droits e propriété et de traduction réservés

AVERTISSEMENT DE L'AUTEUR

Ayant esquissé, dans la biographie de du Guesclin, une grande figure héroïque du moyen âge, j'ai désiré mettre en regard un guerrier des temps modernes, et j'ai choisi entre tous le général Hoche, qui fut l'honneur des armées françaises à l'époque où toutes les gloires de la France semblaient s'être réfugiées et comme concentrées dans ses armées.

Pour peindre un grand homme, pour le mettre dans son vrai jour, il n'est pas possible de l'isoler du milieu où il a vécu ; il faut faire connaître et bien comprendre l'époque où il s'est produit ; tâche toujours laborieuse, difficile surtout lorsque cette époque est la *Révolution française,* et qu'il faut se restreindre pour en parler.

Quoi qu'il en soit, je me suis attaché à rappeler brièvement les caractères généraux de cette grande époque ; j'ai cherché à la faire comprendre en considérant la Révolution dans son objet et dans ses causes, et j'ai renvoyé le lecteur, pour de plus amples informations, au livre où j'ai présenté, dans leur ensemble, la série des événements principaux de notre histoire nationale[1].

Je me suis aidé, pour le travail que je publie aujourd'hui, des travaux antérieurs qui ont eu Hoche pour objet, et particulièrement du livre de M. Bergounioux, au-

---

1. *Histoire de France.* Depuis l'origine jusqu'à nos jours, 12ᵉ édition.

quel j'ai fait, en le citant, quelques emprunts et dont j'ai constamment apprécié la sincérité sans adopter toujours les conclusions. Ce livre m'a fourni de nombreux documents et l'indication des meilleures sources. J'ai consulté aussi avec fruit l'estimable ouvrage de M. Claude Desprez, extrait en partie du précédent, mais beaucoup plus méthodique, et je lui dois quelques intéressants détails.

J'ai indiqué mes principales sources dans le cours de l'ouvrage : la plus considérable est la correspondance de Hoche publiée en 1798, avec ses proclamations et ses ordres du jour, par Rousselin ; mais la plus précieuse pour moi, sans contredit, est la collection des lettres intimes de Hoche, religieusement collationnées par son petit-fils, M. le vicomte des Roys, à qui j'en dois la communication. Je me plais à lui exprimer ici ma vive reconnaissance pour l'obligeant empressement avec lequel il a mis ce recueil à ma disposition. J'ai trouvé à y moissonner encore après M. Bergounioux et j'y ai puisé tout ce qui m'a paru propre à remplir mon objet, qui est de retracer aux yeux du lecteur la courte et glorieuse carrière du général Hoche dans des proportions modestes, mais suffisantes pour faire apprécier son caractère, ses talents et ses vertus.

Émile de Bonnechose.

Callenville, juillet 1867.

BIOGRAPHIE
DE
LAZARE HOCHE

PREMIÈRE PARTIE

I

Première jeunesse. — Hoche aux gardes françaises.

Lazare Hoche naquit à Versailles, au faubourg de Montreuil, le 24 juin de l'année 1768. Son père, ancien soldat, remplissait les humbles fonctions de garde-chenil dans la vénerie du roi ; sa mère mourut deux ans après sa naissance. Une tante, marchande de légumes à Montreuil, prit l'enfant en affection et donna des soins à son éducation première. Le jeune Hoche se fit remarquer de bonne heure dans les exercices et les jeux de l'école, entre les enfants de son âge et gagna, par sa gentillesse et sa vivacité, le cœur de son oncle maternel, l'abbé Merlière, curé à Saint-Germain en Laye. Celui-ci lui donna quelques leçons ; il ajouta des notions élémentaires de latin aux premières connaissances acquises à l'école, et le fit enfant de chœur dans son église.

Lazare Hoche avait quinze ans lorsqu'il obtint un surnumérariat dans le service des écuries royales : mais il était soldat d'instinct, il avait l'esprit actif et entreprenant ; un livre de voyages éveilla en lui le goût des aventures et des entreprises lointaines, il voulut s'engager, à seize ans, dans les troupes coloniales, mais il fut trompé par un sergent recruteur ; et lorsqu'il pensait avoir contracté un engagement dans un régiment destiné aux Grandes-Indes, il se trouva incorporé, sans le savoir, dans les gardes françaises.

Intelligent et adroit, il suffit d'un mois au

jeune Hoche pour passer du maniement de l'arme à l'exercice des manœuvres. Il fit des progrès aussi rapides dans l'estime de ses chefs et de ses camarades, il captivait déjà les cœurs par son caractère bienveillant, droit et généreux, en même temps qu'il attirait les regards par sa taille élégante et haute, par la beauté de ses traits que relevait encore un air noble et martial, et à peine comptait-il une année de service quand les grenadiers de son corps, caserné à Paris, exprimèrent le désir de l'avoir pour camarade. Leur demande fut accueillie et Hoche prit rang parmi eux.

On était en l'année 1785, et déjà l'on sentait de toutes parts les approches du grand mouvement politique et social qui devint la Révolution française, et dont le premier, le meilleur et le plus durable résultat peut-être, fut de détruire partout les priviléges, de renverser les obstacles qu'opposait au mérite personnel l'obscurité de la naissance ou le défaut de fortune. Sorti des derniers rangs, mais digne de s'élever au premier par son intelligence et son grand cœur, Hoche salua avec enthousiasme les approches d'une révolution qui promettait de donner libre carrière pour se produire au talent et au génie. Il déplorait son défaut d'instruction, il savait tout ce que celle-ci apporte de secours et de force aux qualités personnelles, et il était en état de comprendre combien la culture de l'intelligence facilite à l'homme ses progrès dans l'ordre moral et répand de charme dans toute son existence : il brûlait donc de s'instruire, mais il manquait de livres, sa paye modique fournissait à peine à ses besoins matériels le strict nécessaire. Les ressources que ne lui fournissait point son pécule de soldat, il les trouva dans un usage toléré au sein du corps d'élite auquel il appartenait : le régiment des gardes françaises, créé en 1563 et formant depuis deux siècles la garde du roi, était considéré comme le premier régiment de France. Il jouissait de divers priviléges, ne recevait dans ses rangs que des Français, et tenait garnison à Paris. Les soldats avaient la permission d'ajouter à leur paye en exerçant dans la ville divers métiers, et les rapports intimes et journaliers qu'ils entretenaient ainsi avec les habitants contribuèrent puissamment à les gagner, dès le début de la Révolution, à la cause populaire. Hoche, plus que tout autre, se montra ingénieux à multiplier les moyens d'employer utilement ses loisirs : en hiver il brodait des bonnets de police et des vestes ; en été il parcourait la campagne autour de Paris, demandant de l'emploi aux jardiniers, puisant de l'eau, arrosant et bêchant pour eux. Avec ses profits, il achetait des livres ; mais il lui était difficile de mettre beaucoup de choix dans ses acquisitions. Les histoires des républiques de la Grèce et de Rome ; les paroles et les actes de leurs grands hommes, cités alors à tout propos dans les écrits du jour, et beaucoup d'ouvrages de polémique courante empreints de l'exaltation du moment lui tombèrent dans les mains : ils ajoutèrent à ses connaissances d'une façon quelquefois plus indigeste que profitable et excitèrent encore davantage son enthousiasme pour les théories nouvelles et pour la cause révolutionnaire.

Cependant une louable ambition, secondée par une volonté ferme, par l'esprit d'ordre et de travail, et par un sens profond du devoir, stimulait son ardeur; mais il n'avait point acquis encore un suffisant empire sur lui-même : violent et emporté, sa fougue du moins prenait le plus souvent racine dans des sentiments honnêtes et généreux qui plus tard mieux réglés devinrent des vertus, et c'était surtout en croyant défendre l'intérêt de la justice et de l'humanité qu'il se laissait entraîner au delà des bornes. Hoche avait en horreur la délation et la perfidie : pour ces causes, un caporal de son régiment s'était rendu odieux à ses camarades, et il était en même temps redouté de tous pour sa grande habileté à l'escrime. Hoche le provoqua en duel, reçut de lui un coup de sabre qui lui partagea le front, et lui enfonça son arme dans le corps jusqu'à la garde.

Une autre fois, un de ses plus braves camarades et son ami ayant été tué dans une rixe populaire, Hoche, brûlant de le venger, courut au logis du meurtrier, et ne le trouvant pas, il saccagea sa maison. L'affaire fut envenimée : Hoche, traduit en jugement et condamné à une détention rigoureuse, fut tenu au cachot trois mois, privé d'air et de jour, nourri au pain et à l'eau, sans habits de rechange. Il en sortit, les vêtements en lambeaux, rongé de vermine, exténué, demi-mort. Il dédaigna, un peu plus tard, de tirer une facile vengeance de celui dont le rapport exagéré avait provoqué un châtiment si cruel, et il se montra aussi prompt à oublier ses propres injures qu'à venger celles d'autrui.

Ces infractions à la discipline contribuèrent sans doute autant que sa grande jeunesse à rendre, au début, son avancement lent et difficile. Il comptait cinq ans de services lorsque s'ouvrit la célèbre année 1789, et il était encore simple grenadier aux gardes françaises. Quelques mois plus tard, il fut fait caporal. Déjà il était remarqué de tous par sa tenue parfaite, par sa haute stature, par sa démarche militaire et son air martial que relevait encore la cicatrice qui partageait son front. Comme il défilait dans une revue, en tête de son escouade, une femme de haut rang, arrêtant sur lui ses regards, s'écria : Quel beau général on ferait de cet homme ! Les événements allaient faire, d'une exclamation irréfléchie, une parole prophétique, et ce qui eût paru tout à fait improbable et même impossible lorsqu'elle fut prononcée, devint bientôt une réalité, un témoignage éclatant, entre tant d'autres signes extraordinaires, d'une révolution profonde accomplie dans les mœurs et d'une complète rénovation sociale.

II

Causes et préludes de la Révolution française. — La Bastille.
Journées d'octobre.

Pour bien apprécier, à cette époque et dans la suite, le caractère et la conduite de Hoche au début de la Révolution, il est indispensable d'exposer brièvement, mais avec précision, le principal objet de cette grande crise qui transforma si profondément la société française, et dont les résultats se firent sentir dans les contrées les plus reculées de l'Europe.

Ses auteurs voulaient la réforme d'innombrables abus nés du régime féodal, du pouvoir absolu de la couronne et de l'inégale répartition des charges publiques [1] : ils demandaient l'égalité civile et la participation du pays à l'établissement des impôts et à la confection des actes législatifs. Ces résultats étaient désirés de la portion la plus éclairée de la noblesse, de la majorité du clergé, et surtout de la bourgeoisie et des classes ouvrières : ils ne pouvaient cependant être obtenus sans heurter de nombreux préjugés, sans blesser une foule d'intérêts, ni sans déraciner violemment des habitudes invétérées et des usages séculaires dans lesquels le roi, sa famille, sa cour et une très-grande partie des privilégiés voyaient des droits acquis et les seules garanties possibles d'un gouvernement sage et régulier.

D'autre part, une multitude d'écrits célèbres avidement lus avaient fait pénétrer les nouveaux principes de régénération politique et sociale fort avant au sein des masses. Ces publications, tout en s'adressant à la raison publique et aux sentiments généreux, avaient

[1]. Les impôts onéreux et vexatoires de la taille et des corvées ne tombaient que sur les non nobles ou roturiers.

éveillé aussi de dangereux instincts, des passions aveugles et violentes, surexcitées par le souvenir de longues souffrances, et que les lumières de l'expérience ne pouvaient encore ni diriger ni contenir. A force d'entendre chaque jour déclamer contre les lois en vigueur, contre les priviléges et les autorités établies, et revendiquer pour tous, des libertés, des droits, des pouvoirs, il était impossible qu'une multitude d'hommes ne fussent bientôt portés à confondre leurs droits avec leurs désirs, la liberté avec la licence, l'horreur de l'oppression avec la haine de toute discipline, et il était à prévoir qu'il naîtrait d'une situation si complexe de grands périls et des difficultés sans nombre. Ces prévisions furent de beaucoup dépassées par les faits.

Des prétentions exagérées, des actes imprudents et des excès coupables provoquèrent de la part de la cour une réaction violente. L'Assemblée nationale et constituante, formée des députés de tous les ordres et convoquée en mai 1789, avait été graduellement conduite à s'emparer de presque tous les pouvoirs; après avoir beaucoup fait pour répondre aux vœux du pays et aux nécessités de la situation, elle prit plusieurs résolutions téméraires et funestes et voulut que tous ses actes fussent indistinctement acceptés et sanctionnés par la couronne. Le roi Louis XVI avait le premier donné l'exemple des sages réformes; ses aspirations étaient pures, son cœur honnête et bon, mais il manquait de lumières, il était faible, irrésolu, et cédait facilement à des impulsions contraires. Après avoir fait beaucoup de concessions qu'il jugeait opportunes et compatibles avec sa dignité, il s'effraya d'exigences nouvelles qui lui parurent en opposition avec son devoir de roi et essaya de lutter contre la violence du torrent révolutionnaire : il ouvrit l'oreille aux ressentiments et aux plaintes des membres de sa famille, des courtisans et des privilégiés violemment dépossédés; et croyant voir la France en péril avec son trône, il eut recours à la force militaire pour défendre les restes d'un pouvoir sapé déjà dans ses fondements :

des régiments furent appelés à Paris et à Versailles.

La bourgeoisie et les meneurs de l'Assemblée nationale firent appel aux passions populaires et opposèrent à la menace des baïonnettes l'insurrection de la multitude. Les grandes questions qui agitaient les esprits sortirent alors des débats pacifiques pour être livrées à l'arbitraire, à la force aveugle et brutale : de là surgirent de grands excès, des crimes odieux, la guerre civile et toutes ses fureurs.

Le premier essai que la multitude fit de ses forces fut l'attaque de la Bastille, forteresse redoutable, située à l'extrémité du faubourg Saint-Antoine : c'était là qu'étaient renfermés, depuis des siècles, sur un simple ordre royal, ou lettre de cachet, la plupart de ceux que le roi ou ses ministres jugeaient opportun d'arrêter et de retenir captifs en les dérobant à la justice des tribunaux ordinaires légalement institués. La Bastille, pour cette cause, était regardée, non sans raison, comme le monument d'un âge barbare, comme la citadelle du despotisme. Paris, dans les premiers jours de juillet 1789, avait été le théâtre de rixes sanglantes entre le peuple et la troupe ; le peuple demanda des armes, pilla l'arsenal des Invalides, forgea des piques et, dans la matinée du 14, au cri de : *A la Bastille ! à la Bastille !* une immense colonne populaire courut attaquer cette forteresse occupée par une faible garnison de Suisses et d'invalides.

L'attaque aurait échoué si trois cents gardes françaises ne l'eussent secondée. Ils accoururent avec des canons et marchèrent à la tête des colonnes. La Bastille fut prise et des assassinats souillèrent la victoire populaire.

Une partie seulement des gardes françaises avait été entraînée dans l'insurrection de la multitude : Hoche fut de ceux qui demeurèrent fidèles au drapeau. Caserné dans la rue Verte avec quelques conscrits formant le dépôt de son bataillon, il ferma la grille de son quartier, fit de grands efforts pour empêcher qu'elle ne fût forcée et défendit contre les assauts de la populace déchaînée, les canons confiés à sa garde.

Les gardes françaises furent licenciés après la chute de la Bastille et répartis dans les compagnies soldées de la garde nationale pour servir sous les ordres du général La Fayette. Hoche y entra, et il était sergent-major d'une de ces compagnies à l'époque des sinistres événements provoqués par l'arrivée de nouveaux régiments appelés à Versailles dans les premiers jours d'octobre 1789. Une fête avait été donnée aux officiers de ces corps par leurs camarades dans la grande salle de spectacle du Château : le roi et la reine tenant le jeune dauphin dans ses bras, parurent dans cette réunion bruyante ; leur vue excita des cris d'enthousiasme : des cocardes blanches furent distribuées et l'on prétendit que les emblèmes tricolores et populaires avaient été foulés aux pieds. Le bruit de ce banquet se répandit dans Paris et y produisit une fermentation extrême ; l'arrivée des régiments, leurs dispositions hostiles, la crainte des complots de la cour et surtout la disette firent éclater un soulèvement redoutable. Une fille sans mœurs, Théroigne de Méricourt, donne le signal, le 5 octobre, en parcourant les rues avec un tambour ; une horde de femmes la suit en demandant du pain et en poussant d'affreuses vociférations. Autour d'elles accourt de toutes parts une multitude furieuse ; c'est sur Versailles que veut marcher cette foule désordonnée et un nommé Maillard, ancien huissier, offre de l'y conduire. Retenue pendant sept heures par La Fayette, elle part enfin et jette l'épouvante dans Versailles. Un premier engagement avait eu lieu entre les gardes du corps et cette foule désordonnée, quand La Fayette arrive pour la contenir, à la tête de la garde nationale parisienne ; sa présence ramène la sécurité et aux approches de la nuit le calme se rétablit. Tandis que chacun se livre au sommeil, quelques hommes du peuple trouvent une des grilles du Château ouverte ; ils entrent en appelant leurs camarades ; l'alerte est donnée et un combat s'engage entre eux et les gardes du corps de service, dont plusieurs se font tuer héroïquement à leur poste en criant : *Sauvez la reine !* Marie-Antoinette, avertie du péril, s'élance de son lit et se réfugie auprès du roi. La Fayette vole à leur secours ; il pénètre avec ses officiers et quelques grenadiers de la garde nationale soldée dans la royale résidence envahie : le sergent-major Hoche était parmi eux, il contribua à repousser les envahisseurs : sa conduite fut remarquée, et le général lui donna des louanges[1].

Hoche cependant, nous l'avons vu, avait embrassé avec ardeur les principes d'une révolution qui supprimait les priviléges et abaissait les obstacles devant le mérite : mais son bon sens, ami de l'ordre et de la discipline, répugnait à l'anarchie et aux fureurs démagogiques : ses vives sympathies pour la cause de l'égalité civile et de la liberté ne l'avaient dépouillé ni de sa droiture, ni de son respect, ni de sa pitié, et il avait vu un abominable attentat dans la violation de la royale demeure par la populace. Hoche

---

1. *Mémoires de La Fayette*, tome II, second récit des événements d'octobre.

d'ailleurs avait un sentiment profond de l'honneur et du devoir : il se souvint, le 6 octobre comme au 14 juillet, que la vraie place du soldat est en face de l'émeute et non au milieu d'elle, que son honneur consiste à garder sa consigne et son drapeau, et que si, en des cas extrêmes, il peut briser son épée, il lui est toujours interdit de la tourner contre ceux qui la lui ont confiée pour les défendre. Il se sentait la force de grandir par ses services, d'acquérir tous les grades par des voies légitimes ; il eût rougi de s'élever par la révolte ou par la trahison.

III

Progrès de la Révolution. — Premières défaites et victoires. — Hoche à l'armée des Ardennes.

Louis XVI et sa famille avaient été conduits à Paris entre les piques de la multitude qui avait envahi leur palais à Versailles dans les journées du 5 et du 6 octobre : il vivait au palais des Tuileries, plus prisonnier que roi, sous l'étroite surveillance de la garde nationale parisienne, contraint à sanctionner une série de mesures en opposition avec sa conscience, et la Révolution suivait son cours. Révolution sociale autant que politique, elle menaçait en Europe comme en France tous les intérêts liés à l'ancienne constitution féodale de la société. Les princes français et les émigrés répandus dans les cours étrangères, les remplissaient de leurs plaintes et aussi de leurs terreurs et de leurs espérances. Ils montraient tous les rois atteints ou menacés en la personne de Louis XVI et la France gémissant sous la tyrannie de quelques démagogues, et ils promettaient témérairement un soulèvement général de la nation en faveur du roi si les armées étrangères franchissaient les frontières du royaume.

Ainsi fut préparée en 1791 la première coalition entre les souverains allemands qui compromirent Louis XVI en proclamant la solidarité de leur propre cause avec la sienne et rendirent sa situation plus périlleuse et plus cruelle.

Après une malheureuse tentative de la famille royale pour gagner la frontière et son arrestation à Varennes, la déchéance du roi fut proposée : mais l'Assemblée constituante repoussa la motion comme inconstitutionnelle : elle força le roi à garder sa couronne, elle le scella sur son trône, et, en même temps, elle lui enleva tout pouvoir, tout moyen de régner.

Déjà les Prussiens avançaient, nos armées reculaient devant eux et la France était entamée. A chaque progrès de l'ennemi répondait, au sein de la multitude dans Paris, un surcroît de fureur contre le roi et la reine, trop malheureux et trop menacés pour n'être pas soupçonnés de complicité secrète avec ceux qui s'annonçaient comme marchant à leur délivrance, et accusés, non sans fondement, d'entretenir des relations avec les princes de leur famille armés pour leur cause. Déjà la populace, dont d'ardents démagogues entretenaient la fureur, faisait la loi à la Commune ou municipalité de Paris, et dominait l'Assemblée : au 20 juin 1792, elle fit irruption aux Tuileries et abreuva le roi d'outrages; au 10 août, elle renversa le trône en égorgeant ses défenseurs : Louis XVI et sa famille furent incarcérés au Temple. Cependant l'ennemi avançait toujours : Longwy fut pris et Verdun investi. Le courroux populaire ne connut plus de bornes; il s'enflamma contre les nobles et les prêtres suspects de former des vœux pour le succès des armées étrangères. Plusieurs milliers d'infortunés, appartenant aux anciens ordres privilégiés, furent arrachés de leur domicile et entassés pêle-mêle dans les prisons de Paris. Le 2 septembre enfin, jour d'exécrable mémoire, la plus vile populace, encouragée par le concours des autorités municipales et par la complicité tacite du ministre de la justice Danton, se rua sur les prisons et massacra presque tous les prisonniers avec une épouvantable barbarie.

Mon but n'est pas de raconter ici les scènes sanglantes de nos troubles civils auxquels Hoche, à cette époque, demeura complétement étranger; il m'a fallu cependant rappeler en peu de mots ce qui était indispensable à dire pour faire comprendre la situation générale du pays au moment où son héroïque figure commence à paraître dans la grande lutte entre l'Europe et la France envahie.

Les armées étaient alors l'asile de toutes les gloires de la patrie. Dans aucune autre classe de la nation le sentiment de l'égalité ne fut plus pur, parce qu'il n'y en avait aucune où il s'unît mieux à la plus stricte équité, et qu'il était naturel et juste que la patrie se montrât reconnaissante et généreuse envers ceux qui donnaient leur sang pour elle [1]. Là, le pur enthousiasme de la liberté était entretenu dans les cœurs comme aux premiers jours, parce qu'aux armées l'idée de la liberté s'alliait heureusement avec celle de l'affranchissement du sol national : cette idée, réveillant les sentiments les plus généreux, n'avait encore rien perdu de son prestige, et elle fit sur nos frontières ce qu'elle a fait partout, elle enfanta des prodiges d'héroïsme et de dévouement. L'amour de la liberté ainsi confondu avec le patriotisme, fut exalté encore davantage dans l'âme des soldats par l'abolition des servitudes féodales qui avaient pesé d'un poids si lourd sur leurs familles, et, lorsqu'au chant terrible de *la Marseillaise*, ils se ruaient sur les armées de l'Europe soudoyées par les rois, ils croyaient bien véritablement courir, non-seulement au

---

1. Avant la Révolution, le brevet d'officier n'était accordé, sauf de très-rares exceptions, qu'au privilége.

secours de la patrie menacée, mais aussi à la délivrance des peuples encore soumis au joug féodal et qu'ils nommaient leurs frères. Voilà pourquoi la Révolution, malgré tant de violences et de crimes, demeura toujours populaire dans nos armées rajeunies composées de volontaires; et c'est ainsi, qu'après de premiers échecs, elles devinrent invincibles[1].

Ces échecs étaient inévitables au début de la Révolution. Les officiers, appartenant alors, la plupart, à l'ancienne noblesse, ils formaient une classe distincte de celle des soldats, et il y avait dans l'armée deux castes divisées d'intérêts et d'opinions : le chef se défiait des soldats, le soldat n'avait aucune confiance dans ses chefs, de là une complète désorganisation en face de l'ennemi et de nombreux revers. Beaucoup d'officiers avaient déjà

---

[1]. La Révolution leur criait : « Volontaires,
 Mourez pour délivrer tous les peuples vos frères. »
  Contents, ils disaient oui!
 « Allez, mes vieux soldats, mes généraux imberbes! »
 Et l'on voyait marcher ces va-nu-pieds superbes
  Sur le monde ébloui.
                                    V. Hugo.

quitté leurs régiments pour suivre les princes dans l'émigration : une foule d'autres les imitèrent dans la suite ou furent expulsés par leurs soldats : ils furent remplacés dans tous les grades, depuis le sous-lieutenant jusqu'au général, par des hommes sortis des rangs, et ceux des anciens officiers généraux, nobles la plupart, qui conservèrent leurs commandements, La Fayette, Beurnonville, Custine, Biron, Dumouriez[1], Kellermann, avaient tous adopté les principes de 1789, et continuèrent à servir avec ardeur et dévouement la cause révolutionnaire. L'harmonie commença donc à se rétablir entre les chefs et les soldats, et nos armées remportèrent alors leurs premières victoires.

Elles avaient vaincu sous Kellermann à Valmy, sous Custine à la frontière du Rhin, sous Dumouriez à Jemmapes; la Belgique était conquise et l'ennemi repoussé sur tous les points, lorsque le supplice de Louis XVI, l'un des princes les plus vertueux qui aient

---

1. Dumouriez était d'une ancienne famille parlementaire.

honoré le trône, et que la constitution déclarait inviolable, excita au plus haut degré l'horreur publique, enleva à la Révolution une foule de cœurs qui lui étaient jusque-là demeurés dévoués, et décupla le nombre de ses ennemis en Europe et en France. Ce funeste résultat de l'attentat du 21 janvier est selon moi le plus irrécusable argument contre une doctrine perverse qui pose en principe que les actes violents et criminels des terroristes étaient indispensables pour assurer le triomphe de la Révolution française : on n'a jamais fait à celle-ci un tort plus grave, une plus cruelle insulte qu'en supposant que les grandes idées et les nobles sentiments dont s'inspirait à son début l'Assemblée constituante aient été, quatre ans plus tard, sans cause sérieuse, complétement éteints dans les âmes, et à ce point oubliés, qu'il fût nécessaire de suppléer en 1793 par la Terreur à l'élan et à l'enthousiasme généreux de 1789. S'il est vrai cependant, s'il est impossible de nier qu'on obtint par elle des ressources que le dévouement n'aurait plus données, il n'est pas moins vrai et il importe de dire que la cause de la Révolution avait été déjà compromise et perdue aux yeux de la masse des honnêtes gens par beaucoup d'excès et de crimes commis en son nom et entre lesquels le supplice de Louis XVI fut le plus odieux. L'indignation qu'il inspira multiplia les dangers autour de la Convention nationale, et elle fut ainsi entraînée dans une voie nouvelle de violences et de fureurs où il lui devint chaque jour plus difficile de s'arrêter [1]. La coalition précédente n'avait rallié contre nous que deux ou trois puissances; mais, après l'attentat du 21 janvier, l'Europe indignée prit les armes d'un accord unanime. La Révolution compta pour ennemis déclarés l'Angleterre, la Hollande, l'Es-

1. La Révolution prit un caractère nouveau après les massacres de septembre et le supplice du roi, et lorsqu'on songe que le Comité de salut public, créé en 1793, fut conduit de violence en violence et de crime en crime, jusqu'à menacer indistinctement de la hache révolutionnaire tout le monde sans distinction de classe, de sexe et d'âge, jusqu'à trancher les têtes les plus illustres et les plus vénérées, jusqu'à immoler les vieillards, les femmes, les jeunes filles, les plus pauvres comme les

pagne, toute la Confédération germanique, Naples, le Saint-Siége, puis la Russie, et presque en même temps la Vendée se leva menaçante et terrible : il fallut combattre, outre l'ennemi intérieur, trois cent cinquante mille hommes des meilleures troupes de l'Europe qui s'avançaient sur toutes les frontières de la France.

Le premier effort de cette coalition formidable tomba sur l'armée des Ardennes dont le général en chef, Dumouriez, était alors en Hollande : elle était, en son absence, commandée ainsi que l'armée du Nord, par le général Miranda, et elle occupait des cantonnements d'hiver sur la rive droite de la Meuse au-dessus de Liége. Les Autrichiens avaient

plus riches, les amis de la Révolution comme ses ennemis, charriés en masses à l'échafaud, ces beaux vers de Racine, adressés par Burrhus à Néron, reviennent à la mémoire :

>..... Il vous faudra courir de crime en crime,
> Soutenir vos rigueurs par d'autres cruautés,
> Et laver dans le sang vos bras ensanglantés :
> Vous allumez un feu qui ne pourra s'éteindre,
> Craint de tout l'univers, il vous faudra tout craindre,
> Toujours punir, toujours trembler dans vos projets,
> Et pour vos ennemis compter tous vos sujets.
>
> (*Britannicus*, acte IV, scène III.)

repris l'offensive : ils surprirent et attaquèrent en mars 1793, à Altenhowen, les divisions françaises qui, sous les ordres du général Le Veneur, investissaient Maëstricht, les mirent en déroute et les forcèrent à lever le siége de cette place : c'est alors que Hoche apparaît pour la première fois dans l'histoire. Nommé lieutenant, puis bientôt après capitaine au 58ᵉ régiment d'infanterie, il s'était déjà fait remarquer par le général Le Veneur, qui avait su apprécier son activité, son intelligence et son courage, et il fut chargé de protéger dans cette journée désastreuse, l'évacuation des magasins et de l'artillerie sous le feu de l'ennemi. Hoche exécuta cette opération avec audace et bonheur. Grâce à lui, tout le matériel fut sauvé et les Autrichiens ne purent s'emparer d'un seul canon. Le général Le Veneur donna les plus grands éloges au jeune capitaine qui avait si vaillamment et si heureusement exécuté ses ordres : il le prit pour aide de camp et se l'attacha pour la vie.

Dumouriez cependant était accouru de Hollande et avait arrêté la retraite de son armée : reprenant à son tour l'offensive, il marcha aux Autrichiens, livra bataille et fut battu, le 18 mars, à Nerwinde. Hoche se distingua entre tous dans cette journée et dans les suivantes, à Vertrich et à Blangen. Couvrant la retraite au passage de la Dyle en avant de Louvain, il lutta sans relâche avec une obstination indomptable. Il eut deux chevaux tués sous lui et continua de combattre, ralliant à pied les troupes et les ramenant sans cesse à l'ennemi. Il rejoignit ensuite son général, qui s'établit sur la frontière, au camp de Maulde. En récompense de sa glorieuse conduite, Hoche fut nommé adjudant général, chef de bataillon, avancement bien mérité, mais que sa modestie refusa pour rester aide de camp du général Le Veneur, qui lui témoignait autant d'estime que d'amitié.

Le général comte Le Veneur était du nombre de ces hommes d'élite qui, appartenant à l'aristocratie française, avaient adopté, par conscience et avec conviction, les principes fondamentaux de la Révolution. L'état politique de la France aux approches de 1789 ne lui avait paru en rapport ni avec sa civilisation ni avec ses lumières : l'autorité royale, durant plusieurs siècles, avait renversé ou considérablement affaibli toutes les barrières que lui opposaient les Etats généraux et provinciaux, les parlements et les libertés communales : le pouvoir du monarque, limité en principe, était de fait devenu absolu, et le gouvernement de la France, contenu seulement par les mœurs, était devenu presque semblable à celui des sultans.

Après le règne déplorable de Louis XV, durant lequel le pays fut humilié devant l'Europe et ruiné à l'intérieur, le comte Le Veneur crut, avec les hommes les plus éclairés de son temps, que l'heure était venue pour la nation d'intervenir dans la conduite de ses affaires; il reconnaissait d'autre part qu'il y avait de grands abus à réformer; il trouvait peu équitables les obstacles opposés par les institutions traditionnelles et par les priviléges à la libre concurrence, à l'essor des forces individuelles, et son cœur fut d'accord avec son intelligence pour adhérer au grand principe de l'égalité de tous devant la loi. Le privilége de la naissance et la voix de l'intérêt personnel n'étouffaient pas dans son âme le cri de l'équité naturelle et du patriotisme : il applaudit au mouvement généreux qui entraîna les députés d'une partie de la noblesse et du clergé à faire, le 4 août 1789, dans l'Assemblée constituante, le sacrifice de leurs priviléges et de leurs droits féodaux, et les crimes commis plus tard au nom de la liberté, les forfaits qui déshonorèrent la cause de la Révolution, tout en pénétrant son âme de la plus vive douleur, n'altérèrent jamais son inébranlable conviction dans l'équité des grands principes proclamés au début de cette crise redoutable. Après la déchéance du roi, au 10 août, après son supplice même en janvier 1793, le comte Le Veneur ne déserta point son poste sur la frontière, en face des Autrichiens, et il crut de son devoir, aussi longtemps que l'épée ne serait pas arrachée de ses mains, de la conserver pour la tourner contre les envahisseurs de son pays.

Tels étaient aussi les sentiments de son

jeune aide de camp ; mais, dans l'âme ardente et toute républicaine de Hoche, ils existaient avec l'effervescence de la jeunesse, avec l'exaltation et l'emportement de la passion. Hoche aimait avec transport une cause au triomphe de laquelle tout son avenir semblait attaché, et une transformation sociale qui lui permettrait d'atteindre aussi haut qu'il se sentait appelé par ses talents. Le comte Le Veneur avait noblement et courageusement fait le sacrifice de ses priviléges sur l'autel du patriotisme et de la liberté, et le même feu qui avait consumé tous ses titres avait allumé toutes les espérances de Hoche et donné des ailes de flamme à son génie. De là, dans ses manières comme dans son langage, une fougue, un emportement de républicanisme dont aurait pu quelquefois s'offenser un chef appartenant à l'ancien ordre de la noblesse, s'il eût été moins bienveillant ou moins sage ; mais le comte Le Veneur, à travers toute cette effervescence de jeune homme, avait reconnu le héros : la loyauté de Hoche, sa probité, son désintéressement et son ardent patriotisme avaient captivé son général et touché son cœur : l'ambition lui vint d'aider la nature à former un grand homme pour la patrie, d'achever l'éducation de son jeune aide de camp, de lui donner tout ce qui lui manquait en expérience, en usage du monde et dans l'art difficile de gouverner les hommes en se possédant soi-même. C'est ainsi qu'il l'initia aux délicatesses d'une société choisie que Hoche n'avait jamais connue, il polit ses manières, épura son langage, dirigea ses lectures, et fit naître pour lui-même dans le cœur du jeune homme une affection reconnaissante et filiale qui ne s'éteignit qu'avec sa vie. Deux ans plus tard, au milieu de ses premiers succès et lorsque l'aide de camp eut été élevé au-dessus de son ancien général et commanda nos armées, les mêmes relations subsistèrent entre eux : Hoche continua de prêter une oreille docile à celui qu'il nommait son second père, qui blâmait le ton soldatesque de sa correspondance, de ses ordres du jour et de ses rapports, et l'exhortait à donner à son langage ce caractère de dignité simple et naturelle empreint dans son attitude et dans toute sa personne. Ainsi s'établit entre ces deux hommes un commerce touchant qui ne fait pas moins honneur à l'élève qu'au maître : celui-ci avait l'âme trop haute pour donner accès à la jalousie ; une déférence tendre et respectueuse ne coûtait rien à l'autre, et la reconnaissance n'était pas un fardeau pour son cœur magnanime.

Ils étaient ensemble au camp de Maulde, lorsqu'on y apprit la défection de Dumouriez (mars 1793). Celui-ci imputait aux jacobins ses derniers revers ; il avait en horreur les violences de la Convention et la tyrannie de la Commune de Paris, et parlait hautement de se rendre dans la capitale et d'y rétablir le gouvernement monarchique. La Convention cita Dumouriez à sa barre, et envoya dans son camp quatre députés pour le sommer d'obéir et de se rendre à Paris. Dumouriez refusa ; il les livra tous les quatre aux Autrichiens, et prit des dispositions pour marcher sur Paris à la tête de son armée, avec les Impériaux pour auxiliaires. Mais les soldats virent une trahison dans la conduite de leur général ; ils l'abandonnèrent, et Dumouriez passa dans le camp des Autrichiens. L'exemple de sa défection jeta le désordre dans son armée et la désorganisa devant l'ennemi. Hoche fut alors choisi par son général pour aller rendre compte à Paris, au gouvernement exécutif, du véritable état des choses, et pour indiquer les remèdes les plus propres à conjurer les dangers de la situation. L'état affreux où il trouva la capitale le remplit de tristesse. Le Comité de salut public inaugurait son règne ; toutes les têtes étaient menacées; les suspects remplissaient les prisons ; le tribunal révolutionnaire, composé d'éléments exécrables, jugeait sans appel. La lutte enfin, une lutte mortelle, était engagée entre les *montagnards*, tout-puissants à la Commune et aux jacobins, et les *girondins*, encore en majorité dans la Convention[1]

---

[1]. Les *girondins* étaient ainsi nommés parce que les membres les plus célèbres de ce parti politique, Vergniaud, Guadet, Gensonné, avaient été envoyés à l'Assemblée par le départe-

Hoche fut accueilli avec empressement par les montagnards qui l'exhortaient à désigner, entre les girondins, ceux qui avaient récemment correspondu avec Dumouriez; ils espéraient trouver ainsi une arme pour les frapper et pouvoir les dénoncer comme complices de sa trahison. Hoche s'y refusa; il n'était pas venu, dit-il, pour remplir l'office de délateur, mais pour éclairer le gouvernement sur la situation critique où se trouvait l'armée. Son cœur fut navré du spectacle qu'offrait Paris à la veille du 31 mai, jour néfaste où succombèrent les girondins[1]; il exhala son indignation et sa douleur dans sa corres-

---

ment de la *Gironde* : ils siégeaient à droite dans l'Assemblée. Les montagnards, leurs adversaires, occupaient la crête du côté gauche, d'où leur vint le nom sous lequel ils furent désignés. Les premiers désiraient un régime légal et les formes d'un gouvernement constitutionnel dans la république qu'ils voulaient établir. Les seconds, moins éclairés que les girondins, étaient beaucoup plus audacieux : la démocratie la plus extrême leur semblait le meilleur des gouvernements : ils avaient pour chefs principaux, Danton, Robespierre et Marat.

(Voyez mon *Histoire de France.* — [12ᵉ édition] Tome II, pages 276-278.)

1. *Ibid.*, pages 293-294.

pondance avec son général : « Le véritable champ de bataille, disait-il, n'est pas sur la Meuse et le Rhin entre les Autrichiens et nous, il est ici dans la Convention entre les hommes de la Gironde et ceux de la Montagne. » Il se hâta de quitter Paris où la liberté, la fraternité, l'égalité n'étaient plus que de vains sons, des paroles vides de sens et complétement dérisoires, où les meilleurs citoyens tremblaient devant une populace féroce, et où la terreur se substituait aux lois. Il revint à l'armée, au milieu de ses braves compagnons d'armes, à qui n'arrivait qu'un faible écho des crimes commis au loin, et dans le cœur desquels le pur enthousiasme de 1789 et l'amour de la liberté se confondaient encore avec le saint amour de la patrie et de l'indépendance nationale.

Le général Le Veneur commandait alors, par intérim et en l'absence de Custine, l'armée du Nord ; il chargea son aide de camp de reconnaître la ligne de défense que l'armée avait à garder. Hoche parcourut le pays, et quelques jours suffirent à l'investigation de son coup d'œil rapide. Il rapporta de son excursion sur la frontière des informations lumineuses. Quelle fut sa douleur lorsque, de retour au camp, il vit son chef et son ami, le général Le Veneur, entouré de gendarmes, dénoncé comme suspect et sous le coup d'un mandat d'amener qui presque toujours, à cette époque, était l'équivalent d'un arrêt de mort. Emporté à ce triste spectacle, par l'indignation et la colère, Hoche s'écria : « Est-ce donc Pitt et Cobourg qui gouvernent la France, puisqu'on enlève à la République ses plus braves défenseurs ? » Paroles imprudentes, et qui faillirent coûter la vie à celui qui les avait prononcées. Oubliant l'orage qu'il avait ainsi attiré sur sa tête, Hoche mit par écrit les observations qu'il avait faites, et rédigea plusieurs mémoires militaires justement considérés comme des chefs-d'œuvre.

Son attention ne s'était pas uniquement portée sur la frontière qu'il avait parcourue, mais sur tous les points où la République lui paraissait vulnérable. La Vendée, qui se soulevait alors, attira aussi ses regards. Déjà toute cette contrée était en armes : elle avait livré ses premiers combats, et les généraux républicains reculaient devant les La Rochejaquelein, les Bonchamp, les d'Elbé, les Lescure. Hoche reconnut les fautes qu'ils avaient faites : il devina la tactique toute particulière que réclamait la guerre dans ce pays qu'il n'avait jamais vu, mais qu'il étudiait dans les relations militaires et sur la carte. Il démontra la nécessité d'y établir des camps retranchés, d'y former des colonnes mobiles [1], d'imiter, dans sa manière de combattre, un ennemi presque insaisissable ; et dans le jeune capitaine de vingt-quatre ans s'annonça déjà le général en chef des armées de l'Ouest et de l'Océan.

Dans un autre mémoire qu'il écrit sur la conduite de la guerre dans le Nord, Hoche révèle d'instinct le génie de l'art militaire des temps modernes, et les conseils qu'il donne sont les préludes de la révolution opérée plus

---

[1]. Lettre au citoyen Audouin, adjoint au ministre de la guerre.

tard par Bonaparte dans la tactique et dans la stratégie. « La routine nous perd, disait-il : l'art de la guerre est à régénérer..... Rasons les places fortes que nous ne pouvons défendre sans nous disséminer, et plaçons-nous hardiment au centre des armées ennemies : plus forts réunis que chacune d'elles séparées, marchons de l'armée que nous aurons vaincue à celle qui est à vaincre. » Il indique ensuite les noms des places qu'il faut raser, celles dont la garnison doit être réduite, les positions qu'il faut faire occuper par les armées des Ardennes et de la Moselle ; il donne enfin, dit son biographe déjà cité, tous les détails du plan qui fut suivi dans la campagne de 1794, sur laquelle repose la réputation de Carnot, et dont la conclusion fut la victoire de Fleurus [1].

Hoche achevait la rédaction de ce mémoire lorsqu'on vint l'arrêter : l'ordre était donné de le traduire devant le tribunal révolutionnaire de Douai comme suspect pour son dé-

---

1. Bergounioux, *Vie de Lazare Hoche*, p. 14.

vouement au général Le Veneur, et accusé d'avoir dit que Pitt et Cobourg gouvernaient la France. Hoche, sans s'émouvoir, adressa son dernier mémoire à Couthon, membre du Comité de salut public, et qu'il avait eu l'occasion de voir à Paris, et lui écrivit cette noble lettre où il se peint tout entier : « Ainsi que je vous l'ai promis, citoyen, je vous fais passer mon travail sur la défense de la frontière du Nord : ce travail est sans doute le fruit d'un patriotisme plus ardent qu'éclairé, mais pourriez-vous croire qu'il est d'un jeune homme traduit devant le tribunal révolutionnaire? Quel que soit mon sort, que la patrie soit sauvée, et je demeure content. Mais à chaque instant le danger augmente... Vos généraux n'ont aucun plan : il n'y a point aujourd'hui parmi eux un homme capable de sauver la frontière. Je vous demande donc d'être entendu, soit au Comité, soit par les représentants près des armées. Qu'on me laisse travailler dans une chambre, les fers aux pieds, jusqu'à ce que les ennemis soient hors de France. Je suis sûr d'indiquer les moyens de les chasser avant six semaines. Ensuite, qu'on fasse de moi ce qu'on voudra[1]. »

Couthon lut cette lettre au Comité, devant lequel il plaida la cause de Hoche avec succès, et l'ordre fut donné de l'élargir sur-le-champ. Hoche fut nommé adjudant général, chef de bataillon, dans l'armée du Nord[2] : trois mois plus tard, il fut mis en cette qualité sous les ordres du général Souham[3], à Dunkerque, et particulièrement chargé de la défense de cette place.

1. Lettre de Hoche, citée par Bergounioux.
2. 15 mai 1793.
3. 23 août 1793.

IV

Dunkerque. — Wissembourg.

Deux armées ennemies cernaient Dunkerque, l'une de vingt et un mille Anglais et Hanovriens sous le duc d'York, assiégeait la ville du côté de l'Océan; l'autre armée, d'environ seize mille hommes, sous le maréchal Freytag, couvrait le siége du côté de Lille en avant des marais de manière à empêcher la place d'être secourue. Dunkerque semblait hors d'état de soutenir un long siége; l'enceinte très-étendue et les forts détachés auraient demandé, pour leur défense quinze mille soldats; la garnison en comptait à peine la moitié; elle était abattue et démoralisée par une série presque non interrompue de revers. Hoche trouva les fortifications dans un état déplorable, les fossés en partie comblés et sans revêtements ; aucun secours enfin n'était à attendre des habitants que la Convention s'était aliénés : une flottille avait été chargée de couvrir Dunkerque ; les équipages s'insurgèrent à la vue de l'ennemi et les bâtiments rentrèrent dans le port.

Une résistance sérieuse paraissait donc tout à fait impossible : Hoche seul ose espérer le succès : il n'a que vingt-quatre ans, n'occupe encore dans l'armée par son grade, qu'un rang subordonné, et déjà il parle, il agit en maître, en homme sûr de lui-même et qui commande à la fois la confiance avec l'obéissance. Il correspond avec le Comité de salut public et avec l'adjoint du ministre. Il écrit au premier : « La place sera brûlée avant d'être rendue [1]. » Il écrit au second : « Si la garde citoyenne entreprend de nous forcer, elle doit s'attendre à voir tourner contre elle les armes des-

---

1. Rousselin, *Corr. de Hoche*, 29 août 1793.

tinées à combattre les tyrans et les traîtres[1]. »
Cettte résolution, dit un de ses derniers biographes, il la fait passer dans le cœur des soldats et les ranime, il rétablit la discipline dans leurs rangs et les mène au travail avant de les mener à l'ennemi. En même temps il fait chasser de la ville les étrangers et les gens suspects, casser et emprisonner le commandant temporaire de la place qui commandait avec mollesse, rétablit la Société populaire qui s'était dissoute, parle, écrit, excite, échauffe, électrise les âmes, ramène par ses exhortations autant que par la menace les matelots à leur devoir et les fait retourner à la station qu'ils ont abandonnée. Enfin, au bout de quelques jours, il peut écrire à Audouin : « On nous promet des secours prompts et puissants, mais tarderaient-ils quinze jours à arriver, dans l'état où, à force de travail, la place se trouve actuellement, on peut les attendre[2]. »

Les secours attendus approchaient : une

---

1. *Ibid.*, Lettre au citoyen Audouin, 1er sept.
2. Desprez, *Vie de Lazare Hoche*.

partie de l'armée du Nord accourait guidée par les généraux Houchard et Jourdan : elle attaque, le 5 septembre, les positions du maréchal Freytag, force celui-ci à se replier sur Furnes, et le 8 septembre 1793, Houchard force Freytag à s'arrêter et lui livre bataille à Hondschotte, à quelques lieues de Dunkerque. Au bruit du canon, Hoche fait une sortie vigoureuse, attaque sous les murs de la place les lignes anglaises et hanovriennes ; il empêche le duc d'York de venir en aide d'une manière efficace au maréchal Freytag et il contribue puissamment à la victoire de Houchard. Freytag est rejeté sur Furnes : le duc d'York voit l'armée française victorieuse à Hondschotte prête à fondre sur lui ; il se hâte de sortir de la position dangereuse où il se trouve, en face de Dunkerque, entre les marais de la Longmoor et l'Océan, il abandonne artillerie et bagages et lève le siége. C'est à Hoche surtout qu'appartient l'honneur de ce résultat glorieux, à lui qui se montrant tout à la fois chef et soldat, administrateur et tribun populaire, a fait passer le feu électrique de son âme au cœur d'une garnison divisée et découragée, a mis, en quinze jours, une place délabrée en état de résister à un ennemi formidable et a su le contraindre à la retraite.

La belle défense de Dunkerque avait attiré sur le jeune Hoche l'attention du Comité de salut public et fait concevoir de grandes espérances de ses talents : dans l'espace de six semaines, il fut l'objet de trois nominations successives et promu, du grade de chef de bataillon, au rang de général de brigade, de général de division, et enfin le 23 octobre 1795 (2 brumaire an II), il fut nommé général en chef de l'armée de la Moselle.

Pour cette armée aussi bien que pour l'armée du Nord et l'armée du Rhin, de premiers succès avaient été suivis de grands revers. Les Français, après s'être avancés jusqu'à Liége sous Dumouriez, et avoir pris Mayence et Francfort sous Custine, avaient reculé du cœur de la Belgique jusqu'à Valenciennes et des bords du Rhin jusque dans les Vosges, derrière les lignes de la Lauter. « Grâce aux talents et à l'énergie de Hoche, Dunkerque avait résisté, dit un de ses biographes, mais les deux autres barrières de la France étaient tombées : Mayence était au pouvoir des Prussiens, Valenciennes et le Quesnoy voyaient flotter les étendards impériaux; l'armée du Nord s'était retirée derrière la ligne de la Scarpe, entre Arras et Douai, et Hoche avait trouvé l'armée de la Moselle sans consistance et sans force, répandue sur une lisière d'environ vingt-cinq lieues. En face de cette armée dont Hoche venait de prendre le commandement, cent mille soldats sous les ordres des meilleurs généraux de la Prusse et de l'Autriche, occupaient les lignes de Wissembourg, tenaient Landau bloqué; et, retranchés au poste de Kayserslautern, avançaient leurs colonnes sur la Sarre et au delà de la Blise. Ils étaient aguerris, disciplinés, bien vêtus, bien payés, bien nourris. Encouragées par nos revers, ces armées avaient l'audace que donne la victoire, et en face de nos troupes sans pain, sans habits, pieds nus, elles nous étaient à la fois supérieures par l'organisation et par le moral[1]. »

A peine Hoche est-il nommé que, rappelant les récentes victoires de Houchard à Hondschotte, et de Jourdan à Wattignies, il dit aux soldats : « Français, de toutes parts nos armées sont triomphantes : nous sommes les derniers à vaincre, mais nous vaincrons. Des patriotes tels que vous, s'ils sont disciplinés, n'ont qu'à entreprendre. Nous allons propager la liberté, mais ce n'est point assez; il faut la faire aimer. Cette fois, vos conquêtes ne seront pas vaines; combattre et profiter du triomphe est votre partage... Nous allons entrer dans la terre promise pour ne la plus quitter [2]. »

Bientôt la discipline se rétablit, la confiance renaît; la fière attitude de Hoche, l'énergie de son langage et de ses actes réchauffent l'enthousiasme ; il veille avec une sollicitude toute paternelle aux plus pressants besoins du soldat, et dans l'extrémité où il se trouve en face d'ennemis

1. Bergounioux, *Vie de Lazare Hoche*, p. 26 et 27.
2. *Corr. de Hoche*, Rousselin, p. 25.

rès-supérieurs en nombre, il a recours à des
moyens extrêmes, très-dangereux sans doute
en des temps ordinaires, et que pouvait seule
rendre légitimes l'impérieuse nécessité de
vaincre sous peine de mort. Hoche donna
une organisation nouvelle à son armée, sans
tenir compte ni de la hiérarchie, ni des droits
de l'ancienneté; l'ardeur guerrière et patriotique, le talent, le courage tiennent lieu des
années ou des grades; il forme de nouvelles
divisions, tire des rangs des officiers subal-
ternes et leur subordonne leurs supérieurs;
les sergents deviennent capitaines, des lieutenants sont faits colonels. Une commotion
électrique passe ainsi dans tous les rangs, et
une fièvre d'ambition que rien ne modère
s'empare des chefs et des soldats; l'exaltation est à son comble. Hoche, qui l'a excitée,
la partage : son langage s'en ressent, et elle
communique à ses paroles fortement accen-
tuées une certaine enflure imitée du jargon
des clubs, qui est le cachet du style officiel
de cette époque. C'est ainsi que le 12 novembre 1793 (21 brumaire), après avoir réor-

ganisé son armée prête à agir dans les Vosges, de concert avec l'armée du Rhin, commandée par Pichegru, Hoche écrit à l'adjoint du ministre de la guerre : « Veuille le génie de la liberté être propice à nos armes ! Les mesures sont prises, et, si j'en crois mes pressentiments, la meilleure cause triomphera. Je survivrais avec peine à un revers. Si j'avais ce malheur, j'enverrais à Paris nos dépouilles sanglantes. Patriotes, montrez-les au peuple ; qu'il batte son arrière-ban, et que son dernier effort soit le coup de grâce des tyrans. »

Le grand objet de Hoche et de son armée était la délivrance de Landau et la reprise des lignes de Wissembourg qui sont, sur son extrême frontière au nord-est, le principal boulevard de la France. Ces lignes fameuses sont formées par la Lauter et la Sarre, qui descendent des deux versants des Vosges pour couler, la première à droite dans le Rhin, la seconde à gauche vers la Moselle : Wissembourg est derrière la Lauter ; Landau, plus au nord, est derrière la Queich, autre affluent du Rhin. Les Vosges, couvertes d'épaisses forêts, ne sont praticables que sur un petit nombre de points : leur chaîne rocheuse ne peut être pénétrée et traversée qu'à Saverne, Bitche, Pirmasens et Kayserslautern : Wurmser, sur leur versant oriental, bloquait Landau et occupait Wissembourg, faisant face, avec cinquante mille hommes, à l'armée du Rhin, commandée par Pichegru. Brunswick et l'armée prussienne étaient sur l'autre versant, vis-à-vis de Hoche et de son armée de la Moselle : la Sarre séparait les Prussiens des Français.

Le plan d'opérations imposé à Hoche par le Comité de salut public était de franchir la Sarre, de pousser vivement devant lui l'armée prussienne, retranchée sur la droite de cette rivière, de longer les Vosges jusqu'à Kayserslautern, d'emporter cette position pour aller prendre à revers les Autrichiens sur le versant opposé. Hoche devait combiner ses opérations avec celles de l'armée de Pichegru, de telle sorte que Wurmser, pris entre le feu des deux armées françaises, serait forcé d'évacuer Wissembourg et de débloquer Landau.

Le 17 novembre 1793 (27 brumaire an II), l'armée s'ébranle en trois colonnes et fond sur les Prussiens. Ceux-ci abandonnent la Sarre et se replient derrière la Blise, sur les hauteurs de Blise-Castel. Hoche les y force; après un combat acharné, l'ennemi fuit vers Deux-Ponts, puis sur Kayserslautern, où Brunswick rassemble ses divisions et concentre de formidables moyens de défense. Si cette position est forcée, Hoche tournera les Vosges et débloquera Landau. Des deux parts, quarante mille hommes et cent bouches à feu sont en présence. L'ennemi, fortement retranché, occupe une position supérieure; mais l'élan des soldats républicains semble irrésistible : Hoche donne le signal en jetant son chapeau en l'air au cri tonnant, mille fois répété, de : *Vive la République!* et la bataille s'engage avec fureur. Hoche est au centre; ses lieutenants, Ambert et Taponnier, attaquent l'ennemi sur les flancs. Les Prussiens, adossés aux Vosges et à couvert dans leurs retranchements, ouvrent un feu épouvantable sur les Français qui, décimés et arrêtés par la mitraille, reviennent à la charge, livrent plusieurs assauts et sont repoussés. Enfin, après une lutte sanglante de deux jours, leurs munitions s'épuisent et l'ennemi reçoit du renfort. Hoche voit la victoire lui échapper : il donne l'ordre de sonner *la marche rétrograde*, déguisant sous ce mot la retraite, et il se replie derrière la Blise dans une attitude si fière et en si bon ordre, que l'ennemi n'ose l'inquiéter.

L'audace et la vigueur dont Hoche avait fait preuve dans l'exécution d'un plan d'attaque qui était l'œuvre du Comité de salut public, et qu'il avait moins accepté que subi, lui firent trouver grâce auprès des membres de ce Comité redoutable qui imposait la victoire aux généraux sous peine de mort et dont il reçut, après son échec, des paroles d'encouragement et des éloges [1].

Hoche cependant, pour prendre une éclatante revanche, avait d'autres obstacles à surmonter, d'autres adversaires à vaincre que

---

1. Rousselin, *Corresp.*, p. 134.

ceux que lui opposaient les difficultés du sol et les armées étrangères. Pichegru était jaloux de la gloire naissante et de la popularité de son jeune rival; il le secondait avec répugnance, et ne lui avait prêté son concours qu'avec lenteur et d'une façon incomplète. Hoche se répandit à ce sujet contre Pichegru en récriminations amères : il se plaignit également de n'avoir pas eu pour ses mouvements une liberté d'action suffisante, il se montra résolu à ne prendre à l'avenir conseil que de lui-même, et refusa de mettre dans le secret de ses opérations prochaines les représentants Saint-Just et Le Bas, envoyés à l'armée du Rhin par le Comité avec des pouvoirs extraordinaires et l'un et l'autre ardents protecteurs de Pichegru. Il s'appuya contre eux de l'assentiment qu'il trouva en deux de leurs collègues. Lacoste et Baudot, envoyés par la Convention à l'armée de la Moselle et investis de pouvoirs illimités. Ceux-ci transmettent à Hoche toute l'autorité; ils provoquent ainsi l'inimitié de Le Bas et de Saint-Just qui, prenant aussitôt parti pour

Pichegru contre Hoche, entretiennent le premier dans ses dispositions malveillantes et jalouses, et cherchent, dans les rapports qu'ils adressent au Comité de salut public, à lui faire partager leurs préventions et leurs ressentiments. Au sein même de ce Comité, Hoche s'était fait un non moins redoutable adversaire en la personne de Carnot, chargé des opérations militaires, et qui en les dirigeant d'ensemble et à distance avec les lumières de l'expérience et l'instinct du génie, obtint de grands résultats, mais qui eut souvent le tort de substituer, pour l'exécution de ses plans, sa propre initiative à celle des généraux. Voyant Hoche résolu, après l'échec de Kayserslautern, à n'écouter que son inspiration personnelle et à dérober ses plans au Comité, il n'osa point le destituer en face de l'ennemi, et il ajourna l'explosion.

C'est maintenant, par les défilés de Pirmasens, entre les lignes de la Queich et de la Lauter que Hoche a résolu de percer la chaîne des Vosges et d'opérer sa jonction avec l'armée du Rhin, qui doit agir de concert avec lui, et il ordonne, avec autant d'énergie que de prudence, toutes les mesures nécessaires pour frapper un coup décisif. Il veille à tout lui-même, ne prend aucun repos et n'en donne aucun à ses soldats : « Le repos, dit-il, est la rouille du courage. » Il soutient par sa confiance dans le succès, par le patriotisme, par le sentiment de l'honneur, par l'enthousiasme républicain, le moral de ses soldats : on est en hiver, le froid est rigoureux, et il supprime les tentes comme un bagage inutile dans une armée républicaine ; les régiments bivouaquent en plein air, les forêts des Vosges les abritent et alimentent leurs feux. Un régiment murmure et demande des quartiers d'hiver ; Hoche fait mettre à l'ordre du jour que ce régiment n'aura point l'honneur de participer à l'action dans le premier combat. Les soldats de ce corps le conjurent de révoquer un ordre où ils voient un intolérable affront : ils font serment d'expier leur faute par leur bravoure, et ils tiendront parole. Hoche trompe l'ennemi sur ses projets, il coupe les chemins et brise les ponts dans les endroits où il médite de passer, et il fait préparer, à la dérobée, des ponts de bois pour les substituer à ceux qu'il a détruits. Il garde, avec les siens mêmes, un secret impénétrable : « Si je pensais, disait-il, que mon bonnet connût mes plans, je le jetterais au feu. » Enfin, quand il a tout préparé et qu'il s'est assuré du concours de l'armée du Rhin, il ordonne la marche à travers les Vosges à la hauteur de Pirmasens, pour tomber sur le flanc droit des Autrichiens, tandis qu'ils sont déjà aux prises avec l'armée de Pichegru sur le versant oriental.

Deux redoutes formidables établies à Reischoffen et à Freischwiller défendent le passage, et leurs batteries vomissent la mort sur l'armée républicaine : Hoche, sous le feu de leurs canons, imagine de mettre ceux-ci à l'encan : « Camarades, s'écrie-t-il gaiement, à six cents livres la pièce ! — Adjugez ! » répondent ses braves, et ils fondent sur les redoutes au pas de charge, y pénètrent, tuent les canonniers et s'emparent de leurs pièces. Le défilé est franchi : les Autrichiens reculent sur Wert, où ils se rallient : Hoche accourt, livre un nouveau combat, les chasse devant lui, et s'établit à Wert dans la position que l'ennemi abandonne. Wurmser se voit débordé, il quitte la ligne de la Molter et attend les Français sur le plateau de Sultz. Hoche le suit de près et se rencontre de nouveau en face de lui le 23 décembre. Un marais séparait les deux armées : Hoche le traverse, fait attaquer par le canon et à la baïonnette, culbute les Autrichiens, les refoule sur la Lauter et dans Wissembourg, et opère sa jonction avec l'armée du Rhin.

L'unité dans le commandement et dans l'action était maintenant devenue indispensable ; Hoche, étouffant son ressentiment contre Pichegru qui a mis beaucoup de lenteur à le seconder, exprime le vœu que les deux armées soient réunies sous un même chef et que ce chef soit Pichegru. Sa demande est appuyée par les représentants Saint-Just et Le Bas. Mais leurs collègues Lacoste et Baudot ont reconnu dans Hoche des talents très-supérieurs : en vertu des pouvoirs illimités qu'ils ont reçus de la Convention, c'est à lui qu'ils décernèrent le commandement en chef des armées de la Moselle et du Rhin, et Pichegru son ancien et son égal en grade descend au second rang, et devient son inférieur et son lieutenant.

Hoche disposa tout sur-le-champ pour reprendre Wissembourg et ses lignes fameuses gardées par les Autrichiens et par l'armée des émigrés français sous le prince de Condé : celle-ci est à Lauterbourg, les Autrichiens se portent en avant de Wissembourg et occupent les hauteurs de Geitsberg, hérissées de batteries, et protégées par des haies, des abatis d'arbres et des ravins profonds. L'armée prussienne, sous Brunswick, a tourné les Vosges et seconde les efforts de Wurmser. Hoche détache sur sa gauche deux divisions pour contenir les Prussiens; il ordonne à l'armée du Rhin de fondre sur la gauche de l'ennemi et d'enlever Lauterbourg : lui-même dirigera en personne l'attaque du centre, et il montre à ses soldats la délivrance de Landau comme l'infaillible résultat de la victoire du lendemain. Ses lettres au ministre de la guerre, comme les ordres qu'il transmet à ses généraux, respirent, dans un style bref et plein d'énergie, la confiance, l'enthousiasme, un républicanisme exalté, le mépris des ennemis, qu'il traite de vils esclaves des tyrans. On sent une force entraînante, un je ne sais quoi d'irrésistible dans l'impulsion qu'il donne à ses lieutenants, et parmi ceux-ci nous voyons Le Fèvre Championnet, Andreossy, Desaix, Soult, Moreau, la plupart obscurs encore, tous appelés à une haute illustration, et qui font sous lui l'apprentissage de la gloire.

Cependant, sous le poids d'une immense responsabilité, au milieu des préoccupations d'un vaste commandement en face de l'ennemi, et en proie à la double fièvre d'une exaltation militaire et républicaine, il se souvient de son ancien chef le général Le Veneur; il sent le besoin d'épancher dans un cœur digne de le comprendre les divers sentiments qui l'agitent, de s'affermir enfin, et de s'élever davantage à ses propres yeux, en prenant pour témoin de ses pensées et de ses actes devant la postérité, un homme de bien et un ami. La veille de la bataille décisive, et dans le silence de la nuit, il se recueille et il écrit ces lignes :

« Les voilà revenus, ces transports que nous avons vus éclater autrefois en présence de l'ennemi. Le découragement et l'épouvante ont fui loin de nous; je ne suis entouré que de braves gens marchant à l'ennemi sans rompre d'une semelle. Auprès des feux allumés sur toute la ligne, j'ai surpris, dans tous les groupes, la témérité et l'audace qui annoncent la victoire. Pas un murmure contre ce vent si froid qui souffle avec violence, pas un regret pour ces tentes qu'un des premiers j'ai fait supprimer. Il en est peu qui se piquent d'imiter le vainqueur de Rocroi et qu'il faudra réveiller pour la bataille; mais l'air est glacial, et j'aime mieux les conduire à l'ennemi, irrités par l'insomnie, que reposés par un sommeil toujours fatal à l'entraînement avec cette température. Reconnu par le plus grand nombre, j'ai partout été salué de ce cri : « Landau sera libre ! » Oui, mon général, Landau sera libre... Les jours de douleur et de honte sont passés. Avec des soldats si bien préparés, une autorité aujourd'hui sans entraves, et l'appui des représentants, je dois vaincre ou mourir. C'est une alternative que j'ai acceptée ; oui, mon général, si cette lettre n'est que l'annonce trop présomptueuse d'un succès que je crois infaillible, elle doit vous porter mes derniers adieux : je suis à la veille du plus beau ou du dernier de mes jours [1]... »

Le lendemain, 26 décembre 1793 (6 mars an II), avant l'aurore, toute l'armée est debout et s'ébranle au cri mille fois répété de Landau, ou la mort ! Les Prussiens sont contenus, Lauterbourg est cerné : Hoche, à travers une pluie de fer et de feu, franchit tous les obstacles ; il enlève à la baïonnette les formidables retranchements de Geitsberg, d'où l'ennemi se retire en désordre. Wurmser est refoulé dans Wissembourg, qu'il

1. *Corresp. de Hoche,* citée par Bergounioux.

abandonne durant la nuit : les Français, le jour suivant, font leur entrée dans la place : Autrichiens et Prussiens se replient sur le Rhin en s'accusant mutuellement de leurs défaites, et Landau est délivré aux acclamations de l'armée et de la France entière.

V

Mariage de Hoche. — Son départ pour l'armée d'Italie.

En annonçant au Comité de salut public la prise des lignes de Wissembourg et le déblocus de Landau, Hoche termina son rapport par ces simples lignes : « Maintenant que le but est atteint, je désire n'avoir plus charge que du commandement de l'armée de la Moselle. Les deux ensemble sont un trop pesant fardeau pour une tête de vingt-six ans. » Ce vœu qu'il exprimait fut exaucé ; mais la modestie de Hoche ne le mit à couvert ni des ombrageux soupçons de Robespierre et de la majorité du Comité, ni du ressentiment particulier des ennemis redoutables qu'il s'y était faits, de Carnot et de Saint-Just, à l'avis desquels il avait refusé de subordonner ses plans et ses actes. Saint-Just et Le Bas, toujours en mission auprès de l'armée du Rhin, ne pouvaient d'ailleurs pardonner à Hoche d'avoir été préféré à Pichegru pour le commandement général des deux armées réunies, et dans leurs rapports au Comité, ils revendiquèrent pour Pichegru l'honneur principal des opérations militaires dans les Vosges, et entre autres la victoire de Wert et la délivrance de Landau.

En apprenant ce déni de justice, Hoche ne peut contenir ni son indignation ni sa colère qui éclatent dans un langage violent et dédaigneux pour son collègue. Le Comité ne lui répondit point, et songeait déjà à le frapper. On était arrivé au paroxysme de la Terreur : Robespierre et ses collègues du Comité avaient immolé à leur ombrageuse jalousie et à leur haine tout ce qui était le plus éminent par le rang, par la vertu, par le talent et la science, par l'éclat des services, par la grâce et la beauté : la reine, Mme Roland, Bailly, Barnave, Malesherbes, les plus célèbres constituants, et avec eux les girondins, avaient suivi Louis XVI sur l'échafaud : les persécuteurs de la Gironde, les plus redoutables montagnards, Danton lui-même avaient été frappés à leur tour, lorsqu'ils montrèrent une tardive horreur pour tant de meurtres et de sang : les premiers chefs des armées republicaines, Biron, Custine, Luckner, Houchard, le vainqueur de Hondschoote, étaient tombés sous la hache inexorable du Comité, qui ne pardonnait pas plus à l'orgueil de la victoire qu'à la honte des défaites. La popularité de Hoche dans les armées de l'Est faisait ombrage au Comité ; il s'irritait de la fierté, de la rudesse même de son langage, et il résolut de punir ce jeune et superbe vainqueur : mais il n'osa le frapper au milieu de l'armée dont il était l'idole, et avant de l'abattre, il l'abreuva de dégoûts, sans jamais lasser ni sa fidélité, ni sa constance. Il le laissa, sans instructions, sans direction, à la tête de l'armée de la Moselle, et quelquefois il lui imposait des ordres rigoureux dont l'exécution était impossible. Hoche réclamait, ne recevait point de réponse, et s'il prenait l'initiative, ses actes les plus simples étaient interprétés contre lui. Ayant un jour secouru un bataillon dans la détresse, privé d'habits et de chaussures, il fut averti qu'il empiétait sur l'administration militaire et que sa responsabilité était gravement compromise. Le Comité lui cachait avec soin ses vues à son égard ; mais Hoche se sentait menacé par un pouvoir muet et invisible : l'épée de Damoclès était sur sa tête. Il reconnaissait le danger de sa situation ; il en souffrait cruellement et s'en indignait : parfois le découragement entrait dans son cœur avec de tristes pressentiments : il ne s'en cachait pas, et les lignes suivantes, adressées à son ami Dulac, peignent bien l'état de son âme : « Les cartes que tu m'annonces me serviront-elles ? Je l'ignore, mon ami. Abreuvé de dégoûts, ce n'est plus l'homme que tu as connu qui t'écrit : c'est un malheureux qui se fuit lui-même et qui ne peut trouver nulle part le repos... Je désire qu'une démission, que je vais présenter incessamment, soit acceptée sans aigreur, comme elle sera donnée. Ardent ami de la Révolution, j'ai cru qu'elle changerait les mœurs. Hélas! l'intrigue est toujours l'intrigue, et malheur à qui n'a pas de protecteurs! Tiré des rangs par je ne sais qui, ni pourquoi, j'y rentrerai comme j'en suis sorti, sans plaisir ni peine... C'est assez t'entretenir de mes misères... J'envie ton sort [1]. »

Fatigué du commandement et paralysé ou contrarié sans cesse par le Comité, rebuté par tant d'obstacles que la malveillance semait sur ses pas, Hoche demanda au foyer domestique le calme et le contentement qui le fuyaient dans la vie publique et dans les camps. Il avait remarqué à Thionville, dans une fête, une jeune fille aussi distinguée par la décence de son maintien que par sa beauté. Son père, nommé Dechaux, était simple garde-magasin aux vivres : mais Hoche

---

[1]. Lettre de Hoche, citée par Bergounioux.

ne cherchait, dans celle qu'il voulait faire la compagne de sa vie, ni le rang ni la fortune. Son choix est fait : il écrit à son ami Privat, il le charge de demander pour lui cette jeune jeune fille en mariage : « Je demande le cœur, dit-il, et point la richesse ; ne l'oublie pas, » et il termine par ces mots, où se peignent l'amour, la ferme confiance et le dévouement sérieux d'une grande âme : « La femme que j'aime peut être assurée qu'il ne lui manquera que ce qu'elle ne demandera point. »

Cette alliance dépassait de beaucoup les plus ambitieuses espérances des parents de la jeune fille ; mais Hoche voulait surtout l'obtenir d'elle-même, et, pour s'assurer de son cœur, il lui écrivit ces lignes, inspirées par le sentiment le plus délicat et le plus tendre : « Ma chère Adélaïde, le nœud qui va vous unir à moi est saint et sacré : ce n'est pas pour un moment que nous serons liés l'un à l'autre, c'est pour toujours ; pour toujours, songez-y bien. Peut-être n'avez-vous point assez réfléchi à cet engagement. Ne voyez en moi qu'un simple citoyen : qu'un nom trop prôné par les gazettes ne vous fasse point désirer de devenir l'épouse d'un homme dont l'unique ambition est de vous rendre heureuse. Il est encore temps : si quelque objet avait pu vous frapper, dites un mot, je retire ma parole ; je me borne à rester votre ami et ne désire plus que votre estime. Faites librement cette confidence à un homme assez généreux et juste pour ne se plaindre que du sort. Si, au contraire, votre cœur n'a pas encore été touché, accordez-le à mon amour : en devenant mon épouse, devenez mon amie. Ne jurons point ; promettons à la face de l'Être créateur de ne jamais nous séparer. Je ne mentis jamais ; votre cœur me répondra de votre sincérité [1]. »

Hoche savourait à peine depuis quelques jours les joies de son heureuse union, lorsque le Comité, sous l'impulsion de Robespierre, de Saint-Just, et il faut le dire aussi, de Carnot, jugea le moment venu d'abattre dans ce jeune héros un des plus grands hommes de guerre

---

[1]. Lettre de Hoche, citée par Bergounioux.

de la République. Toutefois il dissimula encore, et, avant de le frapper, il voulut l'arracher à son armée. Il écrivit à Hoche qu'en reconnaissance des éminents services qu'il avait rendus, il lui donnait, à titre de récompense, un commandement plus important et le chargeait de continuer à l'armée d'Italie l'œuvre de régénération qu'il avait si bien accomplie à l'armée de la Moselle : c'est à lui qu'il confiait de préférence cette mission difficile comme au plus capable, étant seul en état de la bien remplir. Hoche fut ainsi enlevé à l'amour de ses soldats : il obéit, fit à son armée de touchants adieux et annonça son départ (le 16 mars 1794), dans un ordre du jour remarquable par sa simplicité : « Citoyens, le service de la République, notre mère commune, m'appelle ailleurs. Continuez à bien mériter d'elle : le nom du nouveau chef que vous avez (Jourdan) a déjà frappé votre oreille. Avec lui, vous ne pouvez qu'anéantir les tyrans coalisés contre notre sainte liberté. Vive à jamais la République une et indivisible ! — Lazare Hoche. »

Il ne s'abusait pas cependant sur les intentions véritables du Comité : il confia ses pressentiments au représentant Lacoste, et, prêt à partir pour l'Italie, il lui envoya ses adieux avec une copie de sa correspondance. « Je désire, dit-il, qu'elle serve à faire luire la vérité et à retracer à nos neveux ce qu'il en a coûté à leurs pères pour conquérir la liberté [1]. »

---

1. Rousselin. T. II. — *Corresp. de Hoche*, p. 76.

VI

Disgrâce et captivité.

Le vainqueur de Wissembourg avait été devancé par sa brillante renommée à l'armée d'Italie : elle apprit avec joie qu'il lui avait été donné pour chef, et elle se préparait à lui faire un accueil enthousiaste.

Le quartier général était à Nice. A peine arrivé, Hoche, avant de prendre un instant de repos, fit déployer la carte de la Haute-Italie, l'étudia longtemps ; puis il dit, montrant les Alpes, ce mot fameux, répété plus tard par son heureux rival de gloire : « C'est de l'autre côté de ces montagnes qu'est le véritable champ de bataille où la victoire décidera entre nous et l'Autriche[1]. »

Sobre, selon son habitude, il s'était fait servir du pain, des olives et de l'eau, et il commençait à peine son frugal repas lorsque entra le vieux général Dumerbion, émissaire du Comité de salut public et porteur de ses instructions. Hoche, sans défiance, se leva devant ses cheveux blancs, lui offrit une chaise et l'invita à partager un souper dont le seul mérite, dit-il en riant, était de rappeler les repas de Pythagore avec ses disciples [2]. Dumerbion, après avoir montré quelque embarras, tira de sa poche un papier et lut d'une voix rude un arrêté du Comité conçu en ces termes : « Le Comité de salut public arrête que l'expédition d'Oneille, qui devait être faite par le général Hoche, sera confiée au citoyen Guillaume Petit, général à l'armée des Alpes, auquel il a donné des ordres à cet

---

1. Lettre de Mermet, citée par Bergounioux.
2. *Ibid.*

effet. Les représentants du peuple près l'armée d'Italie feront mettre sans délai le général Hoche en état d'arrestation et l'enverront à Paris sous bonne et sûre garde [1]. — CARNOT, COLLOT D'HERBOIS. »

Après avoir entendu cette lecture, Hoche dit froidement, avec une indignation contenue : « Pardon, général, j'ignorais que vous fussiez un gendarme ; j'allais me mettre au lit, j'ai besoin de repos, et ma conscience me permet de dormir : demain matin je serai à vos ordres [2]. »

Dumerbion lui demanda son épée et posta des gendarmes à la porte de son appartement, où entrèrent aussitôt plusieurs officiers supérieurs qui, voyant prisonnier celui qu'ils venaient saluer comme leur général, firent éclater, au péril de leur vie, une indignation chaleureuse : plusieurs même exhortèrent Hoche à se soustraire par la fuite à l'exé-

---

[1]. Cet arrêté, conservé dans la famille du général Hoche et communiqué par elle, est écrit tout entier de la propre main de Carnot.

[2]. Rousselin, *Vie de Hoche*.

crable tribunal devant lequel tout prévenu était d'avance un condamné. Hoche s'y refusa.

« Il répondit qu'il se devait à lui-même de paraître devant ses accusateurs et qu'il ne voulait point donner un exemple qui pût servir d'excuse aux traîtres, dans l'avenir ou dans le passé. Il leur parla longtemps avec un sang-froid et une tranquillité qui ne se démentirent pas. Après avoir exposé de quelle manière il croyait que la guerre allait être conduite en Italie, il les pria, s'ils étaient de nouveau témoins de quelques grandes injustices sans doute inévitables, de ne pas suivre les conseils d'une irritation toujours funeste. Tous ceux qui étaient présents, ses aides de camp surtout, fondaient en larmes; mais lui, le front serein, le regard toujours fier et doux, s'efforçait de les rassurer. On eût dit Socrate au milieu de ses disciples avant de boire la ciguë [1]. »

Hoche demanda qu'il lui fût permis d'écrire. Sa première lettre fut pour sa femme,

---

1. Andréossy, *Éloge de Hoche.*

sa chère Adélaïde, à laquelle il avoua qu'il allait à Paris, mandé par ordre du Comité de salut public, tout en lui cachant qu'il était arrêté. Il écrivit, le lendemain, à Debelle, son beau-frère, et lui apprit la triste vérité. « Quels que soient les motifs de mon arrestation, lui dit-il, sans reproche je suis sans crainte, quoiqu'il y ait sans doute tout à craindre... Je ne me plains pas. C'est toi, c'est Adélaïde, c'est vous que je plains. Je ne souffre que de ce que par moi vous allez avoir à souffrir... Cache-lui longtemps, s'il est possible, que je suis devenu suspect et privé de ma liberté... Dans les Républiques, je le sais, le général trop aimé des soldats qu'il commande, inquiète les citoyens ombrageux ; mais moi, devait-on me soupçonner? Je ne vois cependant pas d'autres griefs contre moi que le dévouement et l'affection de l'armée. Eh bien ! que l'on me fasse rentrer dans la classe des autres citoyens; je serai heureux, si mon exemple peut servir à la chose publique. Après avoir sauvé Rome, Cincinnatus alla labourer son champ ; je suis loin de prétendre égaler ce grand homme ; mais, comme lui, j'aime ma patrie, et si mon abaissement peut être utile, je ne demande qu'à rentrer dans les rangs d'où le hasard et mon travail m'ont fait sortir trop tôt pour ma tranquillité [1]. »

La fierté d'un cœur patriotique et d'une conscience sans tache respire à chaque ligne dans cette lettre qu'on dirait écrite par un héros des plus beaux temps de la Grèce ou de Rome : on s'étonne d'y trouver aussi la confiance, ou du moins un vague espoir, qu'en allant paraître devant le tribunal révolutionnaire, il ne marchait pas à la mort, et l'on pourrait conclure de ce fait et de beaucoup d'autres semblables qu'il n'arrivait alors aux armées qu'un faible bruit des horreurs commises dans la capitale depuis la chute des girondins.

Hoche partit pour Paris, prisonnier, escorté par des gendarmes. A peine arrivé (12 avril 1794), il se fait conduire au Comité de salut

---

1. Lettre de Hoche, communiquée par sa famille.

public qui avait signé l'ordre de l'arrêter. Il rencontre Saint-Just dans l'antichambre, s'adresse à lui et demande justice. « On vous fera tout à l'heure, répond sèchement Saint-Just, la justice que vous méritez[1]. » Et il ordonne aux gendarmes de conduire le prisonnier aux Carmes, où il languit cinq semaines dans un cachot fétide. Hoche fut transféré le 16 mai à la Conciergerie, d'où on ne sortait que pour monter au tribunal et du tribunal à l'échafaud.

La Conciergerie et les autres prisons de la capitale, Paris tout entier et les principales villes de France, présentaient alors le plus affreux spectacle : l'anarchie, la terreur et le meurtre étaient partout. « De tous les coins de la France on charriait des victimes à la Conciergerie, dit un écrivain, ami des girondins et longtemps prisonnier avec eux, la progression des assassinats était effrayante... » D'abord on avait mis quinze personnes dans les charrettes meurtrières (appelées aussi

---

[1]. Rousselin, *Vie de Hoche.*

bières roulantes), bientôt on en mit trente, ensuite quatre-vingt-quatre, et tout fut disposé pour en envoyer cent cinquante à la fois à la place du supplice. Un aqueduc, destiné à contenir le sang, fut creusé à la place Saint-Antoine, où la guillotine avait été transportée. C'était vers les trois heures de l'après-midi que les longues processions de victimes descendaient du tribunal, passant lentement sous de longues voûtes entre les prisonniers... « J'ai vu, dit Riouffe, quarante-cinq magistrats du parlement de Paris, trente-trois du parlement de Toulouse, allant à la mort du même air qu'ils marchaient autrefois dans les cérémonies publiques. J'ai vu trente fermiers généraux passer d'un pas calme et ferme; les vingt-cinq premiers négociants de Sedan, plaignant, en allant à la mort, dix mille ouvriers qu'ils laissaient sans pain... J'ai vu tous ces généraux que la victoire venait de couvrir de lauriers qu'on changeait soudain en cyprès : aucune plainte ne sortait de leur bouche; ils marchaient en silence comme frappés de stupeur, et ne savaient que mourir... Dans ces boucheries d'hommes qu'on appelait fournées, plusieurs fois des générations entières ont été absolument détruites en un jour : le respectable Malesherbes, âgé de plus de quatre-vingts ans, fut traîné à la mort, à la tête de sa famille entière ; il périt avec sa sœur, sa fille et son gendre, et la fille et le gendre de sa fille. Quatre Brienne furent tués à la fois. Dans d'autres fournées, on voyait réuni ce que la nature avait de plus aimable : quatorze jeunes filles de Verdun [1], d'une candeur sans exemple, et qui avaient l'air de jeunes vierges parées pour une fête publique, furent menées ensemble à l'échafaud. Elles disparurent tout à coup et furent moissonnées dans leur printemps : la cour des femmes avait l'air, le lendemain de leur mort, d'un parterre dégarni de fleurs par un orage... Vingt femmes du Poitou, pauvres paysannes, furent également assassinées ensemble. Il y avait, dans les

---

1. Elles étaient accusées d'avoir dansé dans un bal donné à Verdun par les Prussiens. La plus âgée avait dix-huit ans.

prisons de Paris, une foule d'artisans, d'ouvriers agricoles, d'hommes insignifiants et nuls, arrêtés dans les départements et confondus à la Conciergerie avec ce qu'il y avait de plus illustre : l'obscurité de leur vie, leur misère ne les protégeaient pas; pour un aristocrate, on comptait dix patriotes [1]. » L'affreuse loi des suspects enveloppait comme d'un réseau toute la population de la France; les amis des suspects, leurs parents, leurs serviteurs étaient eux-mêmes suspects; on bénissait alors les maladies les plus cruelles et les blessures qui donnaient au moins une chance d'échapper, fût-ce par la mort, à l'échafaud; le beau-père de Hoche fut arrêté et jeté en prison comme coupable de lui avoir donné sa fille; son beau-frère, le général Debelle, déclaré suspect pour lui appartenir de trop près, se lança au milieu des ennemis à Fleurus, et tomba dans son sang, atteint de

---

[1]. *Mémoires de Riouffe.* Voyez aussi aux pièces justificatives, note A, le tableau du régime de la Terreur tracé par M. de Lamartine dans son *Histoire des Girondins*, t. VIII, p. 121-123.

sept blessures : « Dieu soit béni! s'écria Hoche en l'apprenant, ces blessures sont un bienfait du ciel! »

Il cherchait à la Conciergerie un adoucissement à ses peines et l'oubli de ses maux personnels dans le commerce d'une société choisie, dans les entretiens d'hommes et de femmes distingués à divers titres, attendant comme lui leur arrêt de mort, et qui, divisés d'opinion, étaient unis par le sentiment de leur commune misère. C'est là que Hoche connut l'aimable duchesse d'Aiguillon, Mme de Fontenay, qui bientôt après fut Mme Tallien, et Joséphine de Beauharnais, appelée à de si grandes destinées, et avec laquelle il s'était déjà rencontré à la prison des Carmes. Hoche demandait aussi au travail des distractions forcées ; il rédigeait des mémoires, et avait trouvé le moyen de correspondre avec sa femme, à laquelle il ne cessa de prodiguer les témoignages de l'amour le plus délicat et le plus tendre. C'est pour elle qu'il souffre et qu'il s'inquiète. Apprenant l'arrestation de son beau-père, il lui écrit : « Pourquoi un hasard funeste m'a-t-il placé sur ton chemin? Si je ne t'avais pas rencontrée, tu serais heureuse au sein d'une famille honorable. Pardonne-moi : je ne prévoyais pas ce que je t'apportais de tourments et d'ennuis[1]. » Il ne tremble pas pour lui-même, et jamais peut-être il ne montra plus de véritable grandeur qu'à l'époque où il se voyait ainsi dans tout l'éclat de sa gloire, précipité jusqu'au fond de l'abîme. Il conserva dans les fers et dans l'attente du supplice toute la liberté de son esprit, une parfaite sérénité d'âme, et toujours le même dévouement à son pays et à la cause qu'il avait si bien servie. Il s'était fait une religion des grands principes au nom desquels la Révolution avait été faite, et dont elle s'était si prodigieusement écartée ; il leur avait voué un culte au plus profond de son cœur ; et de même que les vrais fidèles ne rendent pas leur Église responsable des crimes souvent commis en son nom par des prêtres

---

[1]. Lettre citée par Bergounioux. — *Vie de Lazare Hoche*, p. 68.

égarés ou barbares, de même Hoche refusa toujours d'imputer aux principes immortels de 1789, aux grandes idées d'où la Révolution était sortie, les forfaits des monstres qui les avaient si indignement travestis, et qui les déshonoraient en les invoquant. La Révolution l'avait porté tout jeune dans ses bras puissants; elle avait tout fait pour lui, elle était sa mère, et toujours il fut pour elle un fils reconnaissant : il ne voulut se souvenir que de ses bienfaits, et, victime résignée, il refusa de la maudire lorsqu'elle allait l'immoler.

Il essayait de faire passer, dans le cœur de sa jeune femme, la fermeté du sien : « Ne te laisse pas abattre, lui disait-il, sois ma digne épouse par le courage : tu le dois à mon amour, à tes parents, à ta patrie : ce n'est pas elle qui est ingrate[1]. » La perspective d'une mort prochaine n'altère ni son patriotisme ni sa vertu républicaine, et réveille les plus tendres affections de son cœur; il écrit

---

1. *Ibid.*, p. 67.

à sa femme : « Témoigne à ceux de mes amis qui me sont restés fidèles combien leur affection m'est précieuse ; dis-leur surtout que, dans le malheur, mon amour pour ma République ne se dément pas, et que si ma mort est utile, je suis tout prêt pour le sacrifice [2]. »

Dans le mémoire qu'il rédigeait, et où il rendait compte de ses opérations militaires sur le Rhin, Hoche descend au fond de sa conscience ; il s'examine, il recherche en quoi il a pu être coupable, et les motifs de son arrestation : « Sauf le bon plaisir du Comité, écrivait-il, ma mémoire ne peut m'en fournir d'autres que mon refus de conférer avec les représentants quand j'ai cru qu'il était urgent d'agir. Est-ce là de l'insubordination ? Quoi qu'il puisse m'en coûter, je resterai convaincu du mot d'Eugène : que tout général qui tient conseil de guerre n'a point envie d'entreprendre. En présence de l'occasion qu'il fallait saisir, je n'ai jamais craint d'engager ma responsabilité. J'ai toujours pensé que la

---

2. *Ibid.*

plus terrible, c'est d'avoir à rendre compte un jour à l'Être suprême du sang humain qu'on aurait répandu sans nécessité et, je dois le dire, celle-là, mais celle-là seule, m'a toujours fait trembler [1]. »

La pensée d'un Dieu juste et rémunérateur le soutient : il espère en sa providence, en sa bonté ; il écrit à son beau-frère : « Le juste Ciel m'a protégé jusqu'à présent : je compte beaucoup sur lui ; la pensée d'un crime n'entra jamais dans mon cœur. » Et à sa femme : « Celui qui préside à tout soutiendra mon courage... Tous nos maux seront bientôt terminés. C'est dans le sein de l'Éternel que nous nous reverrons : puisse du moins sa justice nous y réunir [2]. »

Une nouvelle et poignante douleur lui était encore réservée.

Un jeune homme d'environ vingt ans, appelé Thoiras, adjudant au régiment de son beau-frère et ami de sa famille, avait été ar-

---

[1]. Citation de Bergounioux, *Vie de Lazare Hoche*, p. 63.
[2]. Id. ibid., p. 64.

rêté à Thionville où Adélaïde était restée près de son père captif, lui prodiguant ses soins et tremblant pour ses jours et pour ceux de son mari. Thoiras, aux yeux du gouvernement, était suspect à cause de son dévouement pour cette famille infortunée, et coupable d'une admiration enthousiaste et non déguisée pour son général. Il fut envoyé prisonnier à Paris et enfermé avec lui dans la même prison, à la Conciergerie. Hoche trouvait un plaisir amer et doux à s'entretenir avec ce jeune homme des objets si chers à son cœur ; il écrivit à sa femme : « Thoiras m'a donné de tes nouvelles : chacune de ses paroles a pénétré mon âme d'attendrissement. » Et il espérait que son jeune ami trouverait une protection contre la fureur des tyrans dans son âge et dans son obscurité. Vaine espérance ! Le quatrième jour au matin, le guichetier pourvoyeur quotidien de l'échafaud entra dans la prison et lut à haute voix, selon sa coutume, la liste des prisonniers traduits ce jour-là au tribunal révolutionnaire. Hoche entendit nommer plusieurs de ceux dont il faisait sa société intime et il attendait son tour qui ne vint pas : le dernier nom inscrit sur la liste funèbre était celui de Thoiras. Hoche pâlit à ce nom plus qu'il n'eût fait sans doute s'il eût entendu le sien : et il demeura muet, partagé entre un sombre courroux et une pitié sans espérance. Thoiras ne changea point de visage ; il tira sa montre et, la donnant à Hoche, il le pria de la garder toujours [1], et lui demanda en échange une fleur d'un bouquet de roses que Hoche tenait à la main et qu'il avait reçu le matin même d'une personne demeurée inconnue. Tous les autres prisonniers appelés au tribunal avec Thoiras en demandèrent aussi : tous furent condamnés et montèrent les degrés de l'échafaud portant une rose à la boutonnière. On mourait ainsi alors, avec une fermeté insouciante et un dédain de la vie énergiquement exprimé par Hoche lorsque, dans une lettre d'adieu adressée à sa femme,

---

1. La montre de Thoiras est aujourd'hui en la possession de la fille de Hoche, Mme la comtesse des Roys, et elle marque encore l'heure où elle s'arrêta dans la journée qui vit ce jeune officier arraché des bras de son général.

il disait : « La mort n'est plus un mal quand la vie a cessé d'être un bien. »

On dit cependant qu'après la mort de Thoiras, un changement notable apparut dans les manières de Hoche à la Conciergerie et dans son langage à l'égard de ses geôliers et de ses juges, et qu'à une froide indifférence succéda une colère, un emportement hautain dont il ne pouvait plus contenir l'expression méprisante et irritée. Qu'aurait-il pensé, s'il eût pu savoir qu'un jour viendrait où ce régime affreux qui avait dévoré tant d'illustres défenseurs de la Révolution et de la patrie, qui allait le frapper lui-même, et qui avait implanté, pour un siècle peut-être, au sein d'innombrables familles, la haine et l'horreur de la République, serait préconisé comme l'ayant sauvée ! De quelle stupéfaction, de quelle douleur indignée sa grande âme eût été saisie, si on lui eût dit qu'une telle doctrine ferait école en France et deviendrait populaire ! Ah ! semblable à une noble et touchante victime qui l'avait précédé dans son cachot, à cette femme héroïque (Mme Rolland) qui, durant le jour, ramassait ses dernières forces pour exhorter ses compagnons d'infortune, et qui, la nuit, pleurait de longues heures en silence [1], lui aussi il eût versé d'intarissables larmes, il eût pleuré sa République, il eût désespéré d'une génération capable d'ouvrir à de si monstrueux sophismes ses oreilles et son cœur [2].

[1]. La femme qui la servait me dit un jour : Devant vous elle rassemble toutes ses forces; mais, dans sa chambre, elle reste quelquefois trois heures appuyée sur sa fenêtre à pleurer. (*Mémoires de Riouffe.*)

[2]. Un patriote, l'illustre Daunou, prisonnier lui-même à cette époque, a tracé un tableau horrible et vrai des prisons sous le régime de la Terreur et du sort affreux où furent réduits en France les deux cent mille prisonniers du Comité de salut public : « Ce Comité, dit-il en terminant, une fois investi du pouvoir suprême, fit égorger, dans Paris consterné, plus de deux mille victimes en quatre mois. Un supplice inventé pour abréger les souffrances, devint, entre ses mains dictatoriales, un moyen d'extermination rapide; on était tenté de regretter les anciennes tortures, parce qu'il semblait qu'elles eussent été moins dévorantes. Dans l'immensité de leurs fureurs, les décemvirs ont promené leur glaive homicide sur tous les sexes, sur toutes les fortunes, sur toutes les opinions; ils l'ont dirigé de préférence sur les talents distingués, sur les caractères énergiques; ils ont moissonné, autant qu'ils l'ont pu, la fleur et l'espérance de la nation... J'ai vu arracher d'auprès de moi des infortunés que l'on traduisait soudainement au tribunal, que

L'heure de la délivrance approchait enfin : la discorde régnait parmi les terroristes. Robespierre, peu de jours après avoir, à l'apogée de sa puissance, présidé la fête consacrée à l'Être suprême, avait fait décréter par la Convention épouvantée la loi de prairial plus sanguinaire que toutes les autres et qui, dans la plupart des cas, supprimait comme inutiles, devant le tribunal révolutionnaire, les témoins et les défenseurs, tenait le couteau suspendu

l'on entraînait trois heures après à la mort avec QUARANTE COMPLICES QU'ILS N'AVAIENT JAMAIS VUS. On taxait à l'avance chaque prison à un nombre déterminé de victimes : le sang était mis en réquisition, et il suffisait aux juges d'avoir le temps, non d'interroger, mais d'insulter chacun des proscrits... Disons toutefois qu'en ce déchirant spectacle, une chose au moins consolait l'humanité en l'honorant, c'était le courage des victimes. Tant d'injustices et d'atrocités faisaient jaillir avec éclat la fierté naturelle à l'homme; un dévouement magnanime s'y revêtait de formes assorties aux âges, aux sexes, aux caractères : l'innocence périssait avec une sensibilité douce ou avec une calme sérénité, et la vertu s'abîmait avec orgueil dans ce gouffre de carnage. » M. Daunou n'a jamais pensé qu'un si effroyable régime ait eu pour résultat la conservation du territoire ou ait rendu à la patrie un service quelconque. Il était au contraire profondément convaincu que, si ce régime de sang se fût prolongé, la nation courait à sa ruine la plus complète (Taillandier, *Documents biographiques sur Daunou*, p. 58-61).

sur la Convention tout entière, et enlevait à celle-ci le droit de livrer comme de protéger ses propres membres dont la vie demeurait à la discrétion des implacables Comités de salut public et de sûreté générale[1]. Tous alors se sentirent en péril : la plupart des membres des comités tremblèrent eux-mêmes devant le redoutable triumvirat de Robespierre, Couthon et Saint-Just[2] : ils comprirent que ceux-ci, après avoir assouvi leur fureur sur leurs ennemis, au sein de la Convention, les immoleraient à leur tour s'ils n'étaient devancés, et qu'il fallait ou les tuer ou périr. Collot d'Herbois, Billaud-Varennes, Barrère, Cambon, membres du Comité de salut public, se liguèrent avec leurs collègues de la Convention les plus compromis, Tallien, Amar, Bourdon de l'Oise, Lecointre et beaucoup

---

1. En entendant la lecture du projet de loi, un représentant, nommé Ruamps, osa dire à haute voix : « Si ce projet passe, il ne nous reste plus qu'à nous brûler la cervelle. »

2. Ceux-ci formaient au sein du Comité de salut public un triumvirat qui avait longtemps concentré en lui la toute-puissance et duquel émanaient directement les résolutions les plus atroces.

d'autres : Tallien fut l'âme et le bras de cette conjuration, qui se termina par la défaite des triumvirs et de leurs plus sanguinaires acolytes, dans la mémorable journée du 9 thermidor [1].

Mais avant ce premier jour d'affranchissement, la veille encore, l'échafaud était en permanence, et le couteau fonctionnait : on vit marcher à la mort plusieurs membres des plus illustres familles de France, avec eux les deux Trudaine, modèles d'amitié fraternelle, et André Chénier, le chantre immortel de *la jeune Captive*, moissonné dans tout l'éclat du génie, et son ami Roucher, auteur du poëme des *Mois* et qui, près de mourir, envoya à ses enfants son portrait et ces vers :

> Ne vous étonnez pas, objets charmants et doux,
> Si quelque air de tristesse obscurcit mon visage;
> Lorsqu'un crayon savant dessinait mon image,
> On dressait l'échafaud, et je pensais à vous.

Hoche les vit monter dans la charrette funèbre : déjà l'orage de la réaction thermi-

[1]. Voyez la relation de cette journée dans mon *Histoire de France*, tome II, pages 311 et 312.

dorienne grondait avec fureur; quelques heures plus tard ils eussent été sauvés; mais ils ne revinrent pas; ils furent, dans Paris, les dernières et trop regrettables victimes de ce régime de sang.

Le lendemain, une immense rumeur mêlée d'imprécations et de cris de joie retentit autour de la Conciergerie : ces cris annonçaient la victoire des conjurés et la chute des tyrans. Bientôt s'ouvrirent les portes de la Conciergerie : on y vit entrer garrottés Robespierre et avec lui Couthon, Saint-Just et leurs principaux affidés. Tous allaient occuper ces mêmes cachots qu'ils avaient peuplés d'innocents. Saint-Just se rencontra, dans la prison, face à face avec Hoche, qui ne se vengea que par son silence d'un ennemi vaincu.

Les montagnards, pour sauver leur propre tête, avaient abattu Robespierre; ils avaient enrayé un moment, mais non renversé le régime de la Terreur, et ils tentèrent d'abord de le maintenir contre le flot soulevé de l'horreur publique. Ils n'y purent réussir cependant les prisons ne rendirent d'abord que ceux des prisonniers dont la Convention ordonna la mise en liberté à la requête et en quelque sorte sous la caution des représentants. Hoche fut du nombre ; le représentant Lacoste, témoin de ses exploits à Wissembourg, le fit relâcher. Hoche sortit de prison le 17 thermidor, an II, pauvre, dénué de tout, à ce point qu'il lui fut impossible de payer sa place et de monter en voiture pour rejoindre sa femme à Thionville. Son premier soin avait été d'écrire à son ami Lacoste et à sa femme deux lettres où se peint son caractère reconnaissant, chaleureux et austère.

Il dit au premier : « Je ne puis me plaindre de mes malheurs, puisqu'ils m'ont appris à connaître quel ami j'avais en toi, toi mon libérateur ! » Il écrit à sa femme : « Je suis libre, rendons grâces au Ciel ! Je vais te rejoindre à pied, comme il convient à un républicain. »

Douze jours plus tard (29 thermidor), Hoche obtint un commandement : il fut chargé d'étouffer, dans l'Ouest, la rébellion des chouans ; et ce même Comité de salut public qui, trois mois auparavant, avait déclaré Hoche, à l'unanimité, traître à la patrie, lui donnait maintenant mission de la défendre et le nommait général en chef de l'armée des côtes de Cherbourg.

SECONDE PARTIE

I

Guerre de la Vendée. — Chouannerie.

L'insurrection de la Vendée avait gagné l'Anjou, le Maine et une grande partie de la Bretagne. Ces contrées, très-boisées, privées de routes, étrangères à l'industrie et au grand commerce, avaient conservé leurs anciennes mœurs. Dans les campagnes que la noblesse n'avait point abandonnées pour les villes, les populations demeuraient soumises à leurs seigneurs et à leurs prêtres. L'antique loyauté s'y était perpétuée avec la foi religieuse, et lorsqu'elles eurent vu leurs prêtres frappés dans leur conscience et dans leurs biens par les décrets de la Convention, l'ancien ordre social et politique renversé, les massacres de septembre, le roi détrôné et martyrisé, le clergé proscrit, l'échafaud en permanence dans Paris, l'horreur commune unit plus étroitement encore l'aristocratie et le peuple. La Vendée se souleva la première et enfanta des héros. Parmi ses chefs, on vit confondus les roturiers et les nobles. Les principaux furent le voiturier Cathelineau, le garde-chasse Stofflet, l'officier de marine Charette, Bonchamps, Lescure, d'Elbée, le prince de Talmont et Henri de Larochejaquelein, justement nommé l'Achille de la Vendée. Ils battirent fréquemment les troupes de ligne et les bataillons de la garde nationale qui marchèrent contre eux. Tout pliait devant la fougue intrépide des paysans vendéens : sans armes, ils s'emparaient de l'artillerie en se précipitant sur les canons qui les foudroyaient. C'est ainsi que plusieurs généraux républicains furent vaincus tour à tour. Maîtres de nombreuses places, les Vendéens formèrent trois corps de dix à douze mille hommes chacun : le premier, sous Bonchamp, occupa les bords de la Loire et reçut le nom d'*armée d'Anjou;* le second, sous d'Elbée, au centre, fut appelé la *grande armée;* le troisième forma l'armée dite *des marais,* sous le redoutable Charette, qui, par son audace, son énergie, son activité prodigieuse, sa persévérance indomptable, et par l'étonnante fécondité de ses ressources et de ses stratagèmes de guerre, fut le plus grand chef de partisans qu'ait jamais eu la France.

Un conseil d'opérations fut établi, et l'on donna le commandement général à Cathelineau, qui périt à l'attaque de Nantes, après laquelle les Vendéens, repliés derrière la Loire, battirent successivement les généraux républicains Biron, Rossignol et Canclaux. Enfin dix-sept mille hommes de l'ancienne garnison de Mayence, réputés l'élite de l'armée, furent transportés en Vendée : Kléber les commandait. Ils furent d'abord vaincus par les Vendéens; mais ceux-ci éprouvèrent plusieurs défaites à Châtillon et à Chollet, et leurs principaux chefs, Lescure, Bonchamp, d'Elbée reçurent, dans ces sanglantes journées, des blessures mortelles.

Les insurgés se mirent alors en communication avec l'Angleterre : pour obtenir d'en être secourus, ils voulurent s'emparer d'un port de la Manche, et la grande armée vendéenne, forte de quatre-vingt mille hommes, marcha sur Granville. Repoussée devant cette place, faute d'artillerie, mise en déroute au Mans, elle fut presque détruite en essayant de passer la Loire à Savenay. La Vendée fut ainsi une première fois vaincue en décembre 1793. Sa population accablée, décimée et privée de presque tous ses chefs tués dans les combats, semblait disposée à se soumettre, lorsqu'un effroyable système d'extermination fut mis en œuvre contre elle et lui fit trouver de nouvelles forces dans le désespoir. Ce système eut pour auteur le général républicain Thurreau, qui entoura la Vendée de seize camps retranchés. Par ses ordres, douze colonnes mobiles, connues sous le nom de *colonnes infernales*, parcoururent le pays en tous sens, portant de tous côtés impitoyablement le fer et la flamme, semant partout la dévastation et la mort. Ils ranimèrent ainsi l'insurrection prête à s'éteindre : les habitants exaspérés reprirent les armes en 1794, et formèrent encore deux armées redoutables sous leurs derniers chefs survivants, Charette et Stofflet.

L'insurrection gagna la Bretagne, qui à son tour se souleva. Mais la guerre dans ce pays n'eut pas le même caractère que dans la Vendée, où les partis avaient combattu en grandes masses et où s'étaient livrées de formidables batailles. En Bretagne, les insurgés firent aux républicains une guerre de partisans, guerre de surprises et d'embuscades, enlevant leurs postes, fondant à l'improviste sur leurs détachements et tirant sur eux de derrière les haies, du fond des taillis et du creux des ravins où ils se tenaient cachés. Cette guerre, généralement appelée *chouannerie*, tira son nom d'une famille de contrebandiers pour le sel ou *faux sauniers*, dont le chef se nommait Jean Cottereau. Celui-ci, habituellement triste et taciturne comme la *chouette* ou l'oiseau des nuits, avait reçu des siens, pour cette cause, le nom de *chouan*. Il était d'une rare intrépidité, rusé, actif, infatigable. Il avait couru les bois en armes avec ses trois fils, dès l'époque de la grande réquisition de 1792, et il donna le premier signal de la guerre qui prit, deux ans plus tard, des proportions redoutables, et désola la Bretagne, l'Anjou, le Maine et une partie de la basse Normandie.

Un homme doué d'une grande énergie et aussi intelligent qu'habile, le comte Joseph de Puisaye, avait dès l'origine fomenté l'insurrection en Bretagne. Ancien député de la noblesse du Perche à la Constituante, il embrassa d'abord avec ardeur les principes de la Révolution, et il avait plus tard, comme tant d'autres, été ramené à la cause royale par l'horreur du régicide et du régime de la Terreur. Peu d'hommes ont fait preuve d'une activité plus infatigable, d'autant de souplesse dans l'esprit, d'une volonté aussi persévérante, aussi ferme, aussi propre à triompher de tous les obstacles : il réussit à se mettre en étroite relation avec les paysans bretons et à exercer un grand ascendant sur les chefs insurgés dont les principaux survivants, après le grand désastre des Vendéens au Mans et à Savenay, étaient, nous l'avons dit, Stofflet et Charette.

Puisaye, présent partout, veillant à tout, fut le véritable organisateur de la chouannerie; exhortant à attaquer les postes isolés, à enlever les détachements républicains et les convois de vivres et de munitions, à s'emparer des caisses publiques; créant sur une foule de points, avec le secours des prêtres, des moyens de résistance et nouant habilement toutes les trames de l'insurrection. Les armes et les munitions faisant défaut, Puisaye se rendit à Londres dans l'automne de 1794, pour obtenir l'assistance et la coopération du gouvernement anglais, et il reçut à la même époque des pouvoirs très-étendus de *Monsieur*, comte de Provence qui, depuis la mort du son frère, prenait le titre de régent du royaume[1]. Puisaye entretint de Londres une

[1]. Ce prince, frère puîné de Louis XVI, fut appelé au trône en 1814 et régna sous le nom de Louis XVIII.

correspondance active avec les chefs insurgés de la Vendée, de la Bretagne et de l'Anjou, et il eut, dans les pays insurgés, pour principal instrument Desotteux, baron de Cormatin, qui prit le titre de major général des armées catholiques dans l'Ouest.

Trois armées républicaines, après la révolution de thermidor, occupaient les départements où l'insurrection s'était propagée, l'armée de l'Ouest en Vendée, sous le général Canclaux, celle de Brest en Bretagne et l'armée des côtes de Cherbourg disséminée dans le Maine et la basse Normandie. C'était celle-ci dont, en septembre 1794, le général Hoche avait reçu le commandement, auquel le Comité de salut public ajouta plus tard celui de l'armée de Brest : ces armées réunies ne dépassaient pas quarante mille hommes, forces tout à fait insuffisantes pour occuper cent cinquante lieues de côtes le long d'un pays accidenté, coupé de ravins, privé de routes, hérissé de forêts, et dont la population, tout entière hostile, était exaltée tout à la fois par la passion religieuse et par une haine inextinguible pour la cause révolutionnaire, celle-ci étant inséparable à ses yeux d'un exécrable système de spoliation, de tyrannie sanglante et de terreur.

II

Hoche dans les départements de l'Ouest. — Amnistie et première pacification.

Hoche trouva son armée des côtes de Cherbourg dans un état de désorganisation complète : les soldats, disséminés par détachements dans les villes et les gros bourgs, avaient perdu l'habitude de la discipline et des exercices militaires : ils se croyaient tout permis, vivaient de pillage et se répandaient dans les campagnes insurgées, beaucoup moins pour rallier leurs habitants au gouvernement républicain que pour s'y livrer à tous les désordres et y commettre les plus odieuses exactions. Hoche comprit que son premier devoir sur les côtes de l'Océan, comme l'année précédente dans les Vosges, était de réorganiser l'armée, d'y réveiller le sentiment de l'honneur et du devoir, et pour cela de tenir les soldats réunis autour du drapeau, sous les yeux et sous la main de leurs chefs. Il les retira, dans ce but, des villes et des bourgades où ils étaient cantonnés, obligeant celles-ci de veiller à leur propre sûreté, et il forma, dans les campagnes, un grand nombre de camps retranchés renfermant chacun deux ou trois cents hommes qu'il tint constamment en haleine. Il les occupa, durant le jour, aux travaux de leurs retranchements, et la nuit à de fréquentes excursions pour dissoudre tout rassemblement armé, prévenir les surprises de l'ennemi et pacifier les campagnes. Lui-même donnait l'exemple, ne prenant aucun repos, veillant à tout, marchant souvent à pied, le fusil sur l'épaule, à travers les forêts et les champs, comme un simple grenadier à la tête des colonnes. Il faisait observer, dans ces excursions comme dans les camps, la plus rigoureuse discipline, punissant la maraude sans merci, ordonnant de bien traiter les habitants inoffensifs ou soumis, compatissant à leurs misères et cherchant, par tous les moyens, à faire passer les nobles sentiments de son âme dans celle de ses officiers et de ses soldats : ces sentiments se retrouvent tous dans l'ordre du jour qu'il publia, le 9 novembre 1794 : on croit y entendre un écho du langage des hommes de l'antiquité : « A la voix de la patrie, disait Hoche, l'homme libre s'arme et court défendre ses foyers, sans chercher à imiter l'esclave de la tyrannie qu'un vil intérêt ou la crainte du châtiment, fait mouvoir... Le républicain qui ne connaît pas de maître, mais qui chérit ses devoirs, et dont la discipline sévère consiste dans l'ardent amour de son pays, les observe partout ; il protége les faibles contre l'oppression des forts, fait respecter rigidement les propriétés, console les malheureux et les aime tous. Il fuit la volupté et l'ivresse; elles dégradent l'âme : il ne connaît pas d'autre parure que l'entretien de ses armes et de son vêtement : il n'affiche pas les vertus, mais elles lui sont chères, il les pratique : il est vainqueur, ou il périt honorablement [1]. »

On sent, dans ce langage mâle et fier, l'accent de la vérité : ce ne sont pas là des phrases de convention, bonnes pour la circonstance et dont on ne se souvient plus après les avoir dites ; on y entend la voix du chef de guerre, du citoyen et de l'honnête homme ; Hoche est là tout entier. Il exhortait mieux encore par l'exemple que par les paroles et pratiquait, en toute occasion, ce précepte dont il avait fait sa devise : *Res non verba.* (Il faut agir et non discourir.) En se montrant à propos indulgent et sévère, toujours soigneux de la discipline, attentif à pourvoir aux besoins matériels des armées et plus encore à soutenir et à relever leur sens moral, toujours simple et toujours digne, il sut conquérir plus rapidement peut-être qu'aucun général le respect enthousiaste et l'amour de ses soldats, dont il était le père, et il disait vrai lorsqu'il écrivait avec enjouement, à cette époque de sa vie : « L'armée de la Moselle était une grande fille que j'aimais

---

[1]. Rousselin, *Corresp. de Hoche*, p. 109.

comme une maîtresse : celle-ci est une enfant chérie que j'élève pour en faire hommage à la patrie. »

Hoche se trouvait, dans l'Ouest, au milieu de la chouannerie, dans cette guerre de haies, de chemins creux et de surprises nocturnes, faite par un ennemi le plus souvent invisible : il étouffait sur ce théâtre si triste et si étroit pour un homme d'un si grand cœur et d'un si beau génie. Il se faisait violence au dehors, mais il s'épanchait dans sa correspondance intime : on l'y voit tressaillir d'allégresse au bruit des succès de son ancienne armée de la Moselle, devenue armée de Sambre-et-Meuse. « Je désire, écrivait-il, qu'on s'y souvienne qu'autrefois j'y servais aussi. » En apprenant la grande victoire de Jourdan à Fleurus, il écrit avec une modestie charmante : « Si je ne craignais d'être importun, j'adresserais quelques lignes à Jourdan : mais l'écolier a-t-il en ce moment le droit de distraire le maître? Continuez, braves et anciens amis, à soutenir votre nom : lorsque la postérité fouillera votre correspondance, peut-être une lettre de moi, qui se trouvera là par hasard, témoignera de votre amitié et me fera échapper au naufrage de l'oubli. »

Cependant il ne néglige aucun de ses devoirs dans le champ épineux et restreint où il est condamné à agir : il s'y voue tout entier et il déploie, dans les instructions qu'il donne à ses officiers, les qualités du vigilant capitaine et les talents de l'homme politique. « Ne mettez, dit-il, à la tête des colonnes que des hommes parfaitement disciplinés, en état de se montrer aussi vaillants que modérés et d'être médiateurs autant que soldats ; il leur recommandait d'acquérir une parfaite connaissance des lieux, de s'aboucher et de se lier avec les paysans pacifiques, de les rassurer, de gagner leur affection par des procédés bienveillants et sincères, tout en luttant de stratagèmes et de finesse avec les chouans. « Mettons en œuvre, dit-il, l'humanité, la vertu, la probité, la force, la ruse même au besoin, et toujours la dignité qui convient aux républicains. » Il prêchait la tolérance à ses soldats, et il applaudit au décret de la

Convention sur la liberté des cultes. Quoique très-indécis lui-même dans ses principes religieux, il respectait la religion, il ne partageait point à ce sujet l'indifférence ou l'incrédulité de ses contemporains ; il sentait profondément les heureux effets des convictions chrétiennes pour la conduite dans la vie, pour la consolation dans les souffrances, et l'on voit, dans ses lettres intimes, combien à cet égard il s'élevait au-dessus des tristes préjugés de son époque [1] : non-seulement il ordonnait par politique que les prêtres fussent tolérés dans les contrées malheureuses soumises à son commandement, il voulait encore que la République s'en fît des amis, et il ne voyait aucune force en état d'être substituée à l'ac-

---

[1]. Hoche se peint ainsi lui-même dans une de ses lettres : « J'estimerai toujours un homme pieux. La morale de l'Évangile est pure et douce et quiconque la pratique ne peut être un méchant. Loin de moi le fanatisme, mais respect à la religion ; elle console des maux de la vie. Je tolère toutes les croyances, la mienne n'est pas fixée : depuis longtemps je cherche la vérité : un jour viendra sans doute où ma raison plus éclairée me fera adopter les inspirations de ma conscience. »

Lettre de Hoche, communiquée par sa famille.

tion du clergé, s'il se bornait à l'employer pour la paix et pour le bien des âmes. Il ordonnait donc qu'on laissât les prêtres en repos, qu'on ne troublât point les paysans dans leurs croyances et qu'on vînt en aide à leur misère. « Beaucoup ont souffert, écrivait-il, beaucoup soupirent après le retour à la vie agricole : il faut donner à ceux-là quelques secours pour réparer leurs fermes. » C'est ainsi qu'il savait mêler à propos l'indulgence à la sévérité et se montrer humain et juste sans rien relâcher de sa vigilance et de sa fermeté.

Tant d'efforts et de persévérance produisirent d'heureux effets. Un nouvel esprit anima l'armée : les populations cessèrent d'avoir à se plaindre des soldats de la République : une portion considérable des habitants de ces pays désolés aspiraient au repos : les chefs insurgés eux-mêmes ordonnèrent à leurs subordonnés de s'abstenir de toute violence et, d'autre part, la Convention nationale, dont cette guerre fratricide était devenue la plus vive préoccupation, jugea le moment arrivé d'accorder un pardon général aux Vendéens et aux chouans qui s'étaient armés contre le gouvernement de la République : elle promulgua en conséquence un décret d'amnistie dans le dernier mois de l'année 1794, et une quinzaine de représentants furent envoyés par elle en mission dans les départements de l'Ouest, avec des pouvoirs très-étendus pour assurer l'exécution de ce décret et pour pacifier le pays.

Le succès sembla d'abord répondre aux espérances de la Convention : les insurgés, obéissant au mot d'ordre de leurs chefs, parurent accepter l'amnistie de bonne foi, et beaucoup sans doute étaient sincères en l'acceptant. Hoche lui-même se fia d'abord aux apparences et crut l'insurrection apaisée. Il se résigna au repos et, profitant de ses loisirs pour étendre ses connaissances, il fit venir des livres, s'appliqua à la lecture des anciens et reprit avec ardeur l'étude du latin dont un vieux prêtre lui avait enseigné les premiers éléments dans son enfance. Une âme trempée comme l'était la sienne, nourrie dans le culte de la République et dans l'horreur de la tyrannie, ne pouvait manquer de se passionner pour Tacite, et il s'estimait heureux d'être parvenu, après beaucoup d'efforts, à entendre cet auteur sans le secours de la traduction.

Ses loisirs furent de courte durée. Le calme apparent qui se faisait autour de lui était dû surtout à la lassitude des partis : les haines étaient encore trop vives, les plaies trop récentes, et les souffrances trop grandes: le souvenir enfin des forfaits du gouvernement révolutionnaire soulevait encore trop d'indignation et d'horreur pour qu'une pacification sérieuse fût possible. Le plus grand nombre des chefs vendéens et chouans ne cherchaient qu'à gagner du temps, guettant l'occasion favorable et la prochaine arrivée des secours promis par le gouvernement britannique.

III

Traités de la Jaunaye et de la Mabilais. — Reprise des hostilités.

Parmi les chefs qui préparaient activement et sous main un soulèvement nouveau avec la coopération de l'Angleterre, le plus autorisé comme le plus habile était le comte Joseph de Puisaye, qui de Londres, où il s'était rendu depuis six mois, tenait dans ses mains tous les fils de la trame ourdie par lui avec la plus infatigable persévérance en Bretagne, en Anjou, dans le Maine et la basse Normandie. Il avait réussi à organiser dans ces provinces cinquante divisions de mille hommes chacune; toutes recevaient de lui le mot d'ordre et n'attendaient qu'un signal pour recommencer la guerre à outrance.

Puisaye se bornait alors à interdire toute prise d'armes, toute manifestation intempestive qui pût faire soupçonner avant l'heure aux républicains un soulèvement prochain, et plus loyal que d'autres chefs, il refusait de prêter son concours aux négociations d'un traité dont il ne se sentirait pas disposé à observer les clauses, et d'une paix illusoire, propre seulement à exciter la défiance du gouvernement anglais ou à rendre son assistance moins efficace. Cormatin était moins scrupuleux : cet homme, à force d'intrigues, était parvenu à acquérir de l'importance ; tous les moyens lui étaient bons pour endormir la vigilance des républicains, et il croyait ne pouvoir mieux les abuser qu'en traitant avec eux. Subordonné d'abord en toute chose à Puisaye, et accrédité par lui auprès des principaux chefs vendéens et chouans, il parvint à s'emparer de l'esprit de *Monsieur*, comte de Provence, qui tenait, en qualité de régent du royaume, une petite cour à Vérone et correspondait à Paris avec une agence royaliste composée de quelques affidés. Cormatin réussit à fasciner les personnes de l'entourage du prince et les membres les plus influents de l'agence royaliste ; il se fit reconnaître par elle comme major général des armées catholiques et en obtint des pouvoirs très-étendus et indépendants de l'autorité de Puisaye. Il se dit dès lors hautement autorisé à négocier une paix sérieuse avec le gouvernement républicain. Il vit les généraux Canclaux et Hoche, et leur demanda l'autorisation de conférer librement avec les chefs insurgés pour les disposer à se soumettre. Mais Hoche, dont le caractère droit et ouvert présentait tant de contrastes avec celui de Cormatin, ne l'écouta point sans méfiance; il apporta une réserve digne et hautaine dans ses rapports avec lui, et exigea que Cormatin fût accompagné d'un des principaux officiers de l'armée républicaine dans ses relations avec les insurgés ; il désigna pour cette mission Humbert, jeune général plein d'avenir, qui devait comme lui tout ce qu'il était à la Révolution, et qui joignait un cœur droit à un esprit fin et pénétrant.

Humbert conçut bientôt des soupçons sur la sincérité de Cormatin et les fit partager à Hoche, qui insista pour qu'en traitant avec les insurgés vendéens on obtînt leur désarmement et des gages d'une soumission durable. Mais la Convention et ses nombreux commissaires dans l'Ouest avaient hâte de voir finir cette guerre dévorante : ils ajoutèrent aveuglément confiance aux assurances de Cormatin et, sans céder à toutes les exigences des chefs insurgés, ils négligèrent de prendre conseil de la prudence en traitant avec eux. Ils accordèrent, avec la liberté des cultes, des indemnités pour les dévastations commises, l'exemption de service militaire pour les jeunes gens de la présente réquisition, afin de repeupler les campagnes, et l'acquittement des bons signés par les chefs jusqu'à concurrence de deux millions. A ces conditions équitables les représentants en ajoutèrent quelques autres que Hoche jugea, non sans raison, très-dangereuses. Non-seulement ils laissèrent aux insurgés leurs armes, mais ils consentirent à ce qu'ils formassent une garde territoriale, peu nombreuse il est vrai, mais répartie dans les campagnes, au foyer même de l'insurrection, sous les ordres des autorités locales.

Telles furent les principales bases d'un premier traité qui fut signé le 17 février 1795 au château de la Jaunaye, près de Nantes, par les représentants en mission dans l'Ouest, pour le gouvernement républicain d'une part, avec Cormatin, Charette, Sapinaud et leurs officiers agissant au nom de l'armée vendéenne. Ils se soumirent, reconnurent les lois de la République, et, peu de jours après, Charette fit à côté du général Canclaux une entrée solennelle dans la ville de Nantes, où il lui fut fait une réception magnifique en signe d'espérance et de joie pour la fin d'une guerre si désastreuse.

Deux mois plus tard, en avril, une seconde paix, une paix simulée, fut signée, par les soins de Cormatin, avec les principaux chefs chouans de la Bretagne, à La Mabilais, entre Rennes et La Prévalaye quartier général de l'armée royaliste : elle le fut aux mêmes conditions à peu près que le traité précédent conclu pour la Vendée à La Jaunaye. Stofflet, dirigé par l'abbé Bernier, luttait encore en Anjou : se voyant abandonné à lui-même, battu par les républicains, presque seul et sans ressources, il se soumit à son tour à Saint-Florent, et l'on put croire complète alors la première pacification de la Bretagne et de la Vendée.

Elle avait été faite sans la participation de Hoche, qui ne la crut pas durable. Cormatin et les chefs chouans connaissaient trop ses justes méfiances, et, redoutant le perçant regard du jeune général de l'armée de Brest, ils avaient exigé qu'il fût exclu des conférences dans lesquelles cette paix trompeuse avait été préparée. Les représentants ne tinrent aucun compte de ses avis et apportèrent, nous l'avons vu, une précipitation aveugle dans leurs transactions avec les chefs chouans. Hoche avait prévu les fâcheuses conséquences de leur conduite imprudente : On a traité, dit-il, avec les individus et point avec l'insurrection, et l'on trouve écrites, dans ses notes, le jour même de la signature du traité de La

Mabilais, les lignes suivantes, expression remarquable de ses pressentiments : « Pendant la conférence d'aujourd'hui, j'ai fait remarquer à Chérin deux bandes de corbeaux qui voltigeaient dans les airs au-dessus de La Mabilais. Bientôt elles se séparèrent; l'une d'elles resta unie, l'autre se divisa. Bons anciens, n'eussiez-vous pas vu là un présage significatif de ce qui doit arriver après la pacification ? »

La situation de Hoche devint alors très-pénible. La paix, dictée en quelque sorte par les insurgés et par Cormatin, représentant de l'agence royaliste en Bretagne et en Vendée, donna au parti qui voulait continuer l'insurrection et la guerre une confiance exagérée en ses forces... « Il n'y eut pas, écrivait alors l'adjudant général Savary, un seul insurgé des deux côtés de la Loire, qui ne s'imaginât avoir fait grâce à la République [1]. » Une telle présomption engendra le mépris pour les autorités républicaines et pour les forces du gouvernement, et de graves excès furent commis

---

1. Lettre au général de Grouchy.

en beaucoup d'endroits avec l'audace que donne la certitude de l'impunité.

Les nombreux représentants en mission dans l'Ouest, la plupart gens médiocres, faibles et vaniteux, n'étaient d'accord que pour s'attribuer le mérite d'avoir délivré la République d'un fléau exterminateur et pour se donner comme les principaux auteurs de la pacification; ils étaient divisés sur les moyens de la consolider : les uns voyaient ces moyens dans des mesures rigoureuses, les autres dans des concessions nouvelles. Ils agissaient en conséquence, et chacun à son point de vue particulier, donnant des ordres contraires et substituant partout leur autorité à celle des généraux, disposant des troupes à leur fantaisie, incapables d'organiser rien de durable, également impuissants à combattre l'anarchie et à contenir la rébellion. Déjà de toutes parts s'élevaient des plaintes contre les généraux et les fonctionnaires hors d'état de réprimer les désordres et de prévenir les actes violents et audacieux d'une foule d'insurgés qui, au mépris de la pacification, parcouraient en armes les campagnes [1], et souvent même pénétraient jusque dans les bourgs et dans les villes pour s'y porter à d'odieuses cruautés, soit sur les officiers municipaux, soit sur les hommes connus pour leur attachement à la République. Hoche, dont l'énergie était paralysée par les représentants qui enchaînaient ses mains et disposaient de ses soldats, était cependant rendu partout responsable des maux qu'il ne pouvait prévenir : il se voyait ainsi de tous côtés en butte à d'injustes attaques et dénoncé au Comité de salut public comme coupable par les représentants dont il avait lui-même tant à se plaindre.

Le Comité, jugeant de la situation sur les rapports erronés de la plupart des représentants en mission dans l'Ouest, et entretenu par eux dans une dangereuse illusion

---

[1]. Sous prétexte de calmer les esprits encore agités, les chefs parcourant les paroisses, mettaient en réquisition les hommes depuis seize jusqu'à quarante ans. L'heure de la messe était celle du ralliement. On se rendait en armes à l'église, on y passait des revues avec cocardes et panaches blancs au cri de : « Vive le roi ! » (a).

(a) Rapport du représentant Jarry au Comité.

sur les dispositions des esprits en Bretagne et en Vendée, accueillit leurs plaintes contre Hoche et lui adressa plusieurs dépêches remplies de remontrances et de reproches amers. Profondément blessé et consumé de chagrin, Hoche répondit cependant au Comité d'un ton calme et digne : « La position d'un général dont l'armée est divisée en pelotons de soixante, quatre-vingts ou cent hommes sur une surface de quatre mille lieues carrées, n'est assurément pas brillante : elle est bien malheureuse si, en redoublant tous les jours d'efforts pour bien servir son pays, il est accusé de faiblesse et de négligence par le gouvernement auquel il est dévoué, tandis que ses ennemis l'accusent hautement de mettre trop de rigueur dans sa conduite... Je n'ai pas craint jusqu'à ce jour de dire la vérité ; vous avez pu vous en convaincre par les ennemis que je me suis faits : je pourrais répondre à ceux-ci ; mais je ne donnerai pas aux ennemis de ma patrie le spectacle d'une lutte avantageuse pour moi, il est vrai, mais scandaleuse pour la République. »

Cette lettre, à laquelle le Comité ne répondit pas, fut suivie pour Hoche de quelques jours d'une anxiété douloureuse et qui se révèle dans sa correspondance intime avec le général Le Veneur, son ancien chef et son ami. «...Je suis las, écrit Hoche, d'être ainsi ballotté... Je ne puis rester plus longtemps soumis au caprice des événements. Sachez quels reproches on me fait. Est-ce d'avoir dit la vérité? Je la dirai toujours. Hélas! il y a un an, j'étais au fond d'un cachot bien humide pour l'avoir dite : cela ne m'a pas corrigé... Que m'importe, après tout, que les hommes me rendent justice, si ma conscience ne me reproche rien. Heureux habitant du Morbihan, qui ne vis que pour adorer Dieu, j'envie ton sort; que ne suis-je à ta place!...» Hoche apprend alors que le général Jourdan, le vainqueur de Fleurus, est comme lui menacé d'une disgrâce; il en frémit d'indignation et de douleur. «Eh quoi! dit-il, l'intrigue l'emportera toujours! Jourdan, le plus pur de nos généraux, Jourdan est méconnu!» A cette nouvelle, le découragement s'empare de son âme, il songe à résigner son commandement. Il aspire à vivre loin des intrigants, loin des hommes, dans la retraite, auprès de sa compagne. Mais bientôt il se relève, il songe à sa patrie et redevient lui-même : « Je me dois à elle tout entier, écrit-il à son beau-frère; ah! puissé-je la servir autant que je l'aime!... Va, quoi que fasse l'envie, elle ne nous abattra point. Nous avons pour défense le souvenir de ces belles journées dans lesquelles nos armes fixèrent la victoire. Nos juges sont les soldats de Fleurus et de Wissembourg. La gloire ne met pas à l'abri de la proscription, mais elle immortalise le proscrit, et monter les degrés de l'échafaud, c'est parfois gravir ceux du Panthéon [1] ! »

Hoche ne fut pas destitué : mais il perdit le commandement des côtes de Cherbourg, qui fut donné au général Aubert du Bayet. Il ne commandait plus alors en titre que l'armée de Brest, mais ses collègues du Bayet et Canclaux s'accordèrent pour témoigner à ses avis une

[1]. Lettre citée par M. Bergounioux, *Vie de Lazare Hoche*, p. 140.

déférence puisée dans le sentiment intime qu'ils avaient tous deux du mérite de Hoche et de la supériorité de ses talents.

La situation des armées républicaines en Bretagne devenait très-critique : tandis que, d'une part, les chouans, dans la prévision d'une insurrection nouvelle, s'entendaient pour accaparer les subsistances et pour rendre fort difficiles les approvisionnements des troupes du gouvernement; d'autre part, les ordres les plus sévères interdisaient à celles-ci les réquisitions forcées et le maraudage : la disette se fit sentir, les chouans en profitèrent pour embaucher les soldats, qui désertèrent en grand nombre.

Hoche redoubla d'efforts et de vigilance, tout en se renfermant strictement dans ses instructions : il sut, à l'aide des prêtres qu'il traitait avec beaucoup d'égards et de bienveillance, organiser sur tous les points une police très-active, et prévenir ainsi par la rapidité de son action beaucoup de désordres. Il acquérait en même temps chaque jour davantage la certitude d'un soulèvement prochain et général. Il se contenait cependant, résolu à ne donner aucune prise à ses adversaires et à s'abstenir à l'égard des chouans de tout acte hostile jusqu'à ce qu'il eût en main des preuves irrécusables de leurs projets agressifs. Il ne perdait jamais de vue Cormatin, l'infatigable instrument de l'agence royaliste : il le croyait aussi faux que présomptueux et il avait, en plus d'une occasion, répondu par le mépris à son insupportable jactance. Cormatin humilié se vengea en dénonçant Hoche aux représentants qu'il intimidait, et se posa comme arbitre de la paix et de la guerre : « Je n'ai qu'à faire un signe, disait-il, et toute la Bretagne est à moi et debout. »

Hoche enfin obtint la preuve écrite et ardemment désirée du danger qu'il avait pressenti et de la conspiration flagrante de plusieurs chefs insurgés contre la République. Une lettre adressée au baron de Solilhac et à deux autres officiers chouans, fut interceptée ; elle portait pour signature le nom de Cormatin et celui de Bois-Hardi, qui s'était acquis dans la guerre civile une grande réputation de vaillance et d'audace. Elle révélait leurs projets ultérieurs et annonçait la prochaine reprise de la guerre contre la République : aucun doute n'était plus possible. Hoche envoya cette lettre au Comité de salut public, et obtint, de quelques-uns des représentants en mission, l'ordre d'arrêter Cormatin et Bois-Hardi, signataires de la lettre, ainsi que les trois chefs à qui elle était adressée.

Instruit par Hoche, le Comité prescrivit de ramener les hommes égarés, de protéger les hommes paisibles et d'exécuter la pacification à l'égard des chefs royalistes soumis de bonne foi, mais il ordonna aussi de poursuivre sans relâche les chefs qui l'auraient violée et de désarmer les communes[1]. Le Comité donna en même temps à Hoche les pouvoirs nécessaires pour agir et pour disposer seul des troupes placées sous ses ordres.

Cormatin et Solilhac furent arrêtés, Bois-

1. Arrêté du 20 juin 1795.

Hardi et les deux autres chefs compromis résistèrent et périrent bravement les armes à la main. Les chouans comprirent que la République ne se contenterait plus d'une paix simulée. Ainsi avertis, ils reprirent leurs armes et se tinrent prêts à combattre : on annonçait la prochaine apparition d'une escadre anglaise portant le secours depuis si longtemps attendu, et déjà sur plusieurs points, dans le Morbihan surtout, les partis en étaient venus aux mains et s'étaient livré de sanglants combats.

Libre enfin d'agir et maître de ses mouvements, Hoche annonça la reprise de la guerre dans son ordre du jour à l'armée. « Braves camarades, dit-il, votre courage n'est plus enchaîné. Vous pouvez désormais combattre ceux de vos ennemis qui ont insulté à votre longue patience et repoussé le bienfait de la clémence nationale…. Marchez avec votre valeur accoutumée sur les rassemblements des rebelles : dissipez-les, désarmez-les ; mais épargnez le sang, il a déjà trop coulé…..
Scrupuleux observateur de l'acte de pacifica-

tion, j'accueillerai avec humanité et fraternité ceux qui se soumettront de bonne foi... je poursuivrai les parjures sans relâche jusqu'à ce qu'ils aient mis bas les armes : c'est aux chefs des révoltés que je m'en prendrai particulièrement : ceux-là seront frappés sans pitié [1]. »

Ce fut le signal d'une nouvelle guerre : des colonnes mobiles parcoururent la contrée en tous sens et fondirent sur les rassemblements armés qu'elles dispersèrent ; mais il s'en formait partout ; en peu de jours la Bretagne fut en feu ; les chouans accouraient se ranger autour de leurs chefs : ils se dirigeaient en masse vers les côtes du Morbihan, et bientôt l'escadre anglaise, portant plusieurs régiments d'émigrés et de grands secours d'armes et de munitions, vint mouiller en face de la côte bretonne, dans la baie de Quiberon.

[1]. Ordre à l'armée du 1er juin 1795. — Rousselin, *Corresp.*, p. 177.

IV

Quiberon.

Le comte de Puisaye avait enfin décidé le gouvernement britannique à armer une expédition formidable pour tenter un débarquement et pour seconder les efforts des chouans sur les côtes de Bretagne. Plusieurs régiments émigrés de l'armée de Condé, après les défaites consécutives de la coalition sur le continent, étaient déjà passés, depuis la campagne précédente, à la solde de l'Angleterre : le gouvernement anglais en forma cinq corps réguliers et plusieurs cadres d'autres régiments appelés à se compléter en Bretagne à l'aide des chouans. Les cinq corps enrégimentés étaient : 1º le régiment d'Hervilly ou Royal-

Louis, qui avait pour colonel le comte d'Hervilly, appelé à un commandement supérieur ; 2° la légion de la marine, commandée par le comte d'Hector, ancien chef d'escadre, et presque toute composée d'officiers émigrés de l'ancienne marine royale ; 3° la légion du Drenay, sous les ordres du marquis de ce nom ; 4° le régiment de Loyal-Emigrant ou de la Châtre ; 5° enfin un régiment d'artillerie commandé par M. de la Rotalie, et formé presque en entier des officiers et sous-officiers de cette arme qui avaient défendu Toulon contre la Convention. Les principaux chefs de cette petite armée, d'environ cinq mille hommes, étaient les comtes de Puisaye, d'Hervilly, de Vauban, Dubois, Berthelot et le chevalier de Tinténiac : l'évêque de Dol, avec une suite de prêtres missionnaires, accompagnait l'expédition. Cette première division d'émigrés portait la cocarde blanche afin de conserver à leur entreprise un caractère national. Ces régiments et ces cadres furent seuls embarqués d'abord, avec un matériel assez considérable en armes et en munitions.

Ce premier convoi devait être promptement suivi d'un second, porteur des débris de plusieurs autres régiments d'émigrés réunis en Hanovre pour être transportés en Bretagne. Ces corps, cruellement éprouvés et décimés, étaient les restes des corps de Béon, de Rohan, de Périgord et de Salm : ils formaient, sous le commandement du jeune comte de Sombreuil, un total de quinze cents hommes : ils descendirent l'Elbe, furent transportés sur une escadre anglaise à Portsmouth, et de là dirigés sur Quiberon. Enfin, lorsque les deux premières expéditions auraient réussi à opérer un débarquement, si la Bretagne se soulevait, comme l'avait annoncé Puisaye, et s'il pouvait prendre possession d'un point important sur la côte, une nouvelle expédition, portant une armée anglaise, un matériel considérable et un prince français, le comte d'Artois, devait sur-le-champ mettre à la voile.

Ce fut une première faute d'avoir partagé l'entreprise en trois expéditions sans les destiner à agir simultanément; c'en fut une autre de ne pas avoir mis le prince à la tête de la première ; une troisième faute, et qui eut des conséquences très-funestes, fut d'avoir divisé le commandement entre le comte de Puisaye dont le gouvernement britannique redoutait l'esprit d'aventure et d'audace, et le comte d'Hervilly, chef du premier régiment d'émigrés, homme méthodique, strict observateur des règles de l'art, beaucoup plus propre à commander une armée régulière en rase campagne qu'un corps de volontaires dans une guerre d'invasion où le succès dépend de la rapidité des mouvements et de l'audace de l'attaque.

Puisaye exigeait avec raison qu'on débarquât tandis que la côte était encore faiblement gardée, et qu'on se portât rapidement en avant, appelant à soi toutes les bandes armées des chouans qui parcouraient le pays, et en se hâtant de les enrégimenter : il voulait enfin qu'on s'emparât, sur-le-champ, d'une ville importante du littoral et qu'on y proclamât Louis XVII, en annonçant la prochaine arrivée d'un prince français. Ainsi conduite, l'entreprise avait des chances réelles de succès, dans l'état où étaient en France les esprits et au plus fort de la réaction thermidorienne contre les terroristes et la Convention. Mais le prince qui aurait pu rallier toutes les fractions du parti royaliste ne parut pas; les démêlés entre les chefs, leurs longues hésitations pour le débarquement firent perdre un temps précieux. Enfin l'avis de Puisaye l'emporta : le commodore Warren décida la descente : elle eut lieu le 27 juin 1795 dans la baie de Quiberon, formée d'un côté par la côte de Bretagne, de l'autre par une presqu'île longue d'environ deux lieues et dont la largeur varie sans dépasser trois kilomètres. C'est la fameuse presqu'île de Quiberon, jointe à la côte bretonne par une bande de sable étroite et d'une lieue de longueur, nommée la Falaise. Le fort Penthièvre, occupé par sept cents républicains et construit au centre de la presqu'île, défendait les approches de celle-ci du côté du continent.

L'expédition débarqua au fond de la baie, au village de Carnac. Au même moment, des bandes de chouans accoururent, conduits par leurs principaux chefs, Dubois, d'Allègre, Mercier, George Cadoudal; ils dispersèrent sur la côte quelques détachements républicains et se rendirent au rivage au nombre de quatre ou cinq mille hommes; les paysans du voisinage se réunirent à eux au cri de : *Vive le roi!* et Puisaye crut à l'insurrection prochaine de toute la Bretagne. Mais bientôt de fâcheuses querelles éclatèrent entre les chouans et les émigrés. Ceux-ci, qui avaient servi dans les armées régulières du continent, n'ouvraient leurs rangs qu'avec inquiétude et répugnance à des hommes indisciplinés, déguenillés, dépourvus de toute instruction militaire, beaucoup plus aptes au métier de guérillas qu'au service dans des corps d'élite. L'antipathie devint promptement réciproque; il en résulta des rixes, il fallut les tenir séparés et perdre à s'organiser un temps qui aurait dû être employé à marcher en avant.

Des ordres arrivèrent enfin de Londres pour conférer à Puisaye seul la direction suprême de l'expédition. Puisaye prit sur-le-champ d'habiles dispositions, ordonna une impétueuse attaque contre le fort Penthièvre, qui se rendit presque sans combat. Puisaye s'y établit fortement, et, par un ouvrage solidement construit en pierre, il relia la forteresse avec un rocher de soixante pieds de hauteur qui flanquait la presqu'île à l'ouest du côté de la pleine mer, de telle sorte qu'elle était entièrement coupée et que tout passage était fermé d'un rivage à l'autre. Il fit en même temps débarquer dans la presqu'île tout le matériel apporté par l'escadre anglaise et distribua aux chouans des habits et des armes. Dix mille d'entre eux occupaient déjà la ligne importante de Lorient à Auray. L'intention de Puisaye était de s'emparer de Brest, de Lorient ou de Saint-Malo, où il avait des intelligences, et de marcher ensuite sur Rennes; ses émissaires parcoururent toute la Bretagne avec la rapidité de l'éclair, réveillant les populations, stimulant leurs principaux chefs, Charette, Stofflet, Scépeaux, etc., et leur annonçant la prochaine arrivée d'un prince du sang royal de France et d'une armée anglaise.

Quinze jours s'étaient écoulés depuis la première apparition de l'escadre à Quiberon. Hoche accourut de Rennes avec toutes ses forces disponibles et se montra supérieur aux périls de sa situation. Il était arrivé à Auray avec cinq mille hommes seulement, et les généraux des armées de Brest et de Cherbourg s'empressant de répondre à son appel, de toutes parts des détachements républicains étaient en marche pour le rejoindre. Vers le 6 juillet, dix ou douze mille hommes ayant rejoint son quartier général, il se crut assez fort pour attaquer les chouans qui, sous le commandement de Vauban et de George Cadoudal, au nombre d'environ dix mille, occupaient, en avant de la presqu'île, toute la ligne entre Saint-Michel, Carnac et Sainte-Barbe. Hoche et Vauban avaient compris tous deux l'importance du poste de Sainte-Barbe, qui maintenait ouvertes les communications de la presqu'île avec le littoral. C'est sur ce point que tous les efforts de Hoche furent dirigés. Vauban de son côté mit tout en œuvre pour le défendre, appelant à son aide les émigrés du régiment d'Hervilly; ceux-ci firent une charge malheureuse, après laquelle d'Hervilly ordonna la retraite. Une plus longue résistance devenant impossible, Vauban, pour éviter de voir son armée coupée en deux et rejetée dans les flots, fit rapidement replier son centre et sa droite derrière la gauche toujours en possession de Sainte-Barbe, qu'il abandonna ensuite pour couvrir la retraite des chouans dans la presqu'île. Ils y rentrèrent avec une multitude de femmes et d'enfants et dans le plus effroyable désordre, serrés de près par les baïonnettes républicaines. Ils étaient tous en danger de périr et furent sauvés cette fois par les chaloupes canonnières de l'escadre anglaise qui, embossées des deux côtés de la Falaise, firent pleuvoir une grêle de boulets sur les républicains et arrêtèrent la poursuite. Mais déjà les émigrés et les chouans se trouvaient tous enfermés dans la presqu'île, Hoche les considéra comme ses prisonniers et il établit son quartier général à Sainte-Barbe.

Hoche cependant était lui-même dans une situation très-critique : derrière lui et autour de lui tout le pays était hostile à son armée et à sa cause : il fallait faire venir des vivres de loin sous escorte ; les arrivages étaient lents, et plus ses troupes grossissaient en nombre, plus les difficultés de les nourrir étaient grandes. Les soldats se répandirent de nouveau dans les campagnes pour y vivre à discrétion et s'abandonnèrent au pillage et à toute sorte de crimes [1]. Hoche exaspéré les consigna dans le camp dont il leur interdit de franchir l'enceinte. Poussés alors par les privations au murmure et à la révolte, les soldats se mutinèrent : Hoche accourut, et marchant rapidement à l'un des plus mutins, il l'abattit à ses pieds d'un coup de sabre et comprima la sédition.

Il était revenu pensif à Sainte-Barbe dans la grange où il avait établi son quartier géné-

---

[1]. Rousselin. *Correspondance de Hoche.*

ral et d'où il observait avec une longue-vue les mouvements de ses propres troupes dans le camp, lorsqu'il reçut la visite de deux représentants, Blad et Tallien, que la Convention nationale envoyait sur les lieux avec des pouvoirs étendus ; ils étaient accompagnés de Rouget de l'Isle, l'auteur du chant célèbre de *la Marseillaise*, et qui a laissé du sanglant épisode de Quiberon une relation détaillée et fidèle. Il y raconte cette première entrevue dans laquelle Hoche, loin d'accuser ses soldats, dépeignit vivement leurs souffrances, et lui inspira tout d'abord la plus vive sympathie fondée sur le respect et sur l'admiration.

« Pendant qu'il parlait, dit Rouget de l'Isle, je ne me lassai pas d'admirer son imposante stature, son air guerrier, quoique gracieux et sans forfanterie, ses traits doux et fiers, embellis par une superbe cicatrice qui, sans les altérer, lui traversait le front dans toute sa hauteur et venait expirer à la naissance du sourcil droit. J'admirai son héroïque simplicité, l'heureux accord de ses paroles et de ses manières, du son de sa voix avec ses expressions : tout en lui me révélait un homme supérieur [1]. »

Les deux représentants employèrent pour approvisionner l'armée les procédés révolutionnaires par lesquels la Convention pourvoyait, avec succès, il est vrai, aux besoins du moment ; mais en semant au cœur des populations spoliées et terrifiées d'impérissables germes de haine et de fureur. Le danger de la petite armée républicaine isolée au milieu de populations exaspérées s'en accrut et, d'autre part, Hoche voyait en face de lui un ennemi nombreux et très-redoutable, occupant, dans l'étroite presqu'île où il était enfermé, sous la protection du fort Penthièvre et de l'escadre anglaise, une position très-forte et en apparence inexpugnable.

Puisaye conçut un plan d'attaque qui, bien exécuté, aurait eu pour l'armée républicaine de désastreuses conséquences. Il résolut d'envoyer sept mille chouans divisés en deux

---

[1]. Rouget de l'Isle. *Relation historique et souvenirs de Quiberon*, p. 45-46.

corps hors de la presqu'île, avec l'ordre de se joindre aux chefs et aux populations soulevées de l'intérieur du pays, pour fondre ensemble sur les derrières du camp de Sainte-Barbe tandis qu'il l'attaquerait de front. Quatre mille chouans, commandés par le comte de Tinténiac et sous lui par Mercier et d'Allègre, furent débarqués le 11 juillet sur des chasse-marée anglais à Sarzeau, près de l'embouchure de la Vilaine. Une seconde division de trois mille hommes, sous deux chefs éprouvés, Jean-Jean et Lantivy, débarqua un peu au-dessus de Quimper. Ces deux divisions avaient ordre de se réunir, le 14 juillet, à Bard, en arrière des républicains, pour attaquer ensemble, le 16, et prendre à revers le camp de Sainte-Barbe.

L'agence royaliste de Paris, toujours hostile à Puisaye, fit échouer ce plan savamment combiné. Cette agence, qui aurait voulu agir indépendamment des Anglais, et s'assurer, sans leur concours, d'une place du littoral, après avoir échoué dans une tentative pour enlever Saint-Malo, projetait maintenant de s'emparer de Saint-Brieuc, et lorsqu'elle eut appris que Tinténiac et Lantivy étaient heureusement débarqués, avec leurs divisions, ces deux chefs furent sommés par elle, au nom du roi, de marcher sur cette place et de s'en rendre maîtres. Ils cédèrent à regret à cette injonction royale et, deux jours plus tard, Tinténiac fut tué à l'attaque du château de Coëtlogon. Puisaye, ignorant son sort et confiant dans l'exécution des ordres qu'il avait donnés, fit embarquer Vauban avec douze cents chouans, et lui prescrivit de faire une fausse attaque par la gauche des républicains à Carnac en essayant de se lier sur les derrières de leur camp à Tinténiac. Une première fusée devait être tirée par Vauban s'il réussissait à débarquer, et une seconde dans le cas où il serait repoussé et ne pourrait tenir sur le rivage. Vauban débarqua et tira sa première fusée; mais bientôt l'ennemi accourut en force supérieure : Vauban, contraint à se rembarquer, tira sa seconde fusée, mais celle-ci ne fut pas aperçue.

Puisaye demeura persuadé qu'il était parvenu à prendre position et à rejoindre Tinténiac : il eut le tort de ne pas s'en assurer d'une manière précise, et il sortit de la presqu'île avant le jour avec toutes ses troupes régulières, marchant fièrement en colonnes d'attaque au nombre d'environ cinq mille hommes. Le régiment de Loyal-Émigrant était en tête ; à droite s'avançaient les régiments de Royal-Marine et de du Drenay, soutenus par six cents chouans sous les ordres du duc de Lévis. Le régiment d'Hervilly, avec mille chouans formait la gauche ; l'artillerie enfin, dans laquelle étaient incorporés les canonniers toulonnais, marchait sous les ordres du colonel Rotalie. L'armée royale s'avança ainsi par la Falaise sur le camp de Sainte-Barbe.

Puisaye, entendant au loin un feu de mousqueterie, s'écria : « C'est Tinténiac ! » et il fondit sur les avant-postes républicains commandés par le général Humbert : celui-ci ne soutint pas ce choc impétueux et se replia dans le camp.

Hoche, impassible, attendit les royalistes

dans ses retranchements qu'ils attaquèrent avec fureur. Faisant alors démasquer sur leur flanc de redoutables batteries, il les accable sous une pluie de mitraille, d'obus et de boulets. Le massacre est épouvantable : les plus héroïques efforts des royalistes sont impuissants contre une armée trois fois plus nombreuse, commandée par un général aussi habile qu'infatigable. Des files entières tombent fauchées par la mitraille; la plupart des chefs sont tués ou blessés : mais personne ne recule, et les survivants combattent avec un acharnement sans pareil. Cependant le feu de la mousqueterie a cessé sur les derrières du camp républicain : il devient évident que Tinténiac et Lantivy ne se sont point trouvés au rendez-vous assigné, et que la petite armée royaliste est seule engagée dans l'attaque. Il faut dès lors renoncer à vaincre : Puisaye ordonne la retraite. Celle-ci s'exécute avec une extrême confusion sous un feu terrible. Hoche poursuit les royalistes, et sa cavalerie se déploie dans la plaine pour les rejeter dans la mer avant qu'ils n'aient atteint le fort Penthièvre. Pour comble de malheur, d'Hervilly qui luttait avec le plus grand courage, reçoit en pleine poitrine un biscaïen qui le met hors de combat, et l'armée aurait encore une fois péri tout entière si l'amiral Warren n'eût fait avancer ses chaloupes. Celles-ci avaient recueilli Vauban et ses douze cents hommes rejetés du rivage où ils avaient d'abord débarqué. Ils s'élancent sur la Falaise dont ils protégent l'entrée : ils couvrent ainsi la désastreuse retraite de l'armée royale, et tiennent en échec les républicains, tandis que les chaloupes ouvrent sur eux un feu épouvantable : ils s'arrêtent, reculent à leur tour et rentrent au camp.

Les pertes des émigrés étaient énormes, et, dans le seul régiment de Royal-Marine, sur soixante-quatorze officiers, cinquante-trois avaient été tués ou mis hors de combat : mais en même temps il leur arrivait du renfort. La seconde division, celle d'Allemagne, formée de régiments au service de l'Angleterre, était entrée le 16 juillet dans la rade de Quiberon, au moment même du combat, mais trop tard pour prendre part à l'action : l'ardent Sombreuil qui la commandait avait seul obtenu de l'amiral la permission de descendre à terre : il avait combattu en volontaire, et c'est lui que d'Herbilly, blessé à mort, désigna pour lui succéder dans le commandement, sous la direction supérieure de Puisaye : c'est lui Sombreuil qui disputera le dernier à Hoche ce lambeau sanglant de terre, tombeau de tant de braves.

Sombreuil unissait aux dons extérieurs, à toutes les grâces de la personne, des sentiments chevaleresques et un bouillant courage, exalté encore par le souvenir d'un père et d'un frère morts sur l'échafaud, et d'une famille entière fatalement entraînée dans la misère, dans l'exil ou dans la tombe. Il avait tout dernièrement épousé, à Londres, une jeune personne éperdument aimée et, le jour même de ses noces, il s'était arraché à sa jeune fiancée pour rejoindre l'escadre anglaise et cingler vers Quiberon.

Sombreuil avait reconnu toute l'importance du fort Penthièvre qui, flanqué de retranchements construits par les émigrés du côté de la pleine mer, coupait entièrement la presqu'île d'un rivage à l'autre : de la conservation de ce fort dépendait le salut de l'armée royale. Sombreuil insista pour que la garde en fût exclusivement confiée à sa division : Puisaye refusa, craignant d'offenser les émigrés des autres divisions. Mais dans toutes se trouvaient incorporés beaucoup de prisonniers républicains, qui, pour échapper aux souffrances qu'ils avaient endurées ou qui les attendaient sur les pontons anglais, avaient consenti à s'engager parmi les royalistes, acceptant leurs offres jusqu'à l'heure où ils pourraient s'échapper et trahir leurs nouveaux compagnons. Déjà un grand nombre, profitant de la marée basse le long des murs, s'étaient jetés dans l'eau qui recouvrait les sables de la Falaise et avaient rejoint l'armée républicaine, en remarquant, à droite et à gauche du fort Penthièvre, les passages guéables qui conduisaient au camp. Chaque nuit y amenait ainsi de nouveaux déserteurs : l'un d'eux, David Goujon, offrit à Hoche de conduire une colonne par la pleine mer jusqu'au fort : Hoche accepta et résolut d'attaquer la presqu'île sans délai.

Dès le lendemain, 19 juillet, il rédigea un ordre du jour remarquable entre tous par sa précision et sa terrible énergie. Le fort Penthièvre sera attaqué de trois côtés à la fois dans la nuit suivante à la basse mer, à gauche par le général Humbert, à l'extrême droite par le général Valletan, et par l'adjudant général Ménage qui, avec trois cents hommes d'élite, tentera d'escalader le rocher relié au fort par le retranchement des émigrés : Hoche lui-même dirigera l'attaque au centre.

Dans la nuit du 20 juillet, par un temps sombre, Hoche mit en mouvement ses colonnes, marchant à leur tête, avec les représentants Blad et Tallien. Sa marche est suspendue par un orage épouvantable mêlé de grêle et d'une pluie glacée qui tombe à torrents, tandis que les vents déchaînés avec fureur soulèvent le sable en épais tourbillons : les soldats ne distinguent plus ni leur direction ni la voix des chefs, et s'arrêtent dans un désordre affreux. Enfin ils reprennent leur marche et parviennent, après beaucoup d'efforts et sans être aperçus, au pied des remparts, au centre de la position ; là ils s'arrêtent et attendent des nouvelles de l'attaque de gauche. Celle-ci échoua ; Humbert, arrêté par la fureur des éléments, ne put atteindre la forteresse qu'aux premières lueurs du jour, au moment même où la division centrale était découverte par les assiégés. Les canonniers toulonnais firent feu sur elle et donnèrent l'éveil à une chaloupe anglaise qui accabla la division d'Humbert, sous les boulets et les obus. Il fallut se retirer : et Hoche rallia les républicains et commença la retraite. La journée semblait perdue : l'unique chance de succès dépendait maintenant de l'attaque de droite, commandée par Ménage et entreprise sous la direction du transfuge David. Elle présentait d'immenses difficultés. La mer en fureur battait le roc bastionné au pied duquel David amena la colonne républicaine, protégée par le bruit des flots furieux et par les ténèbres. « Ménage et sa troupe escaladent le roc, s'accrochant aux ronces, aux arbrisseaux, se faisant des échelons de leurs baïonnettes qu'ils enfoncent dans les crevasses, et s'aidant, se poussant les uns les autres, ils parviennent au sommet. Le parapet restait à gravir et, au cri d'une sentinelle, ils pouvaient tous être précipités dans la mer. Mais ils entendent des paroles amies : David avait des complices dans le fort, et ceux-ci tendent la main aux républicains qui s'élancent sur la plate-forme. Les royalistes, qui s'étaient crus vainqueurs, sont surpris et massacrés, les canonniers toulonnais pris à revers sont tués sur leurs pièces : tout ce qui résiste est égorgé, et Ménage plante sur la muraille le drapeau tricolore. Hoche l'aperçoit et rebrousse aussitôt chemin ; il entre sans résistance dans la forteresse, embrasse Ménage, le nomme général de brigade et dispose tout pour compléter sa victoire [1].

---

1. Roug et de l'Isle, *Souvenirs de Quiberon*. — De la Tousche, *Relation du désastre de Quiberon*. — Villeneuve la Roche-Barnaud, *Mémoire sur l'expédition de Quiberon*.

Au premier bruit de la prise du fort, Puisaye comprit que tout était perdu. Il ne s'agissait plus de défendre la presqu'île ouverte au flot toujours grossissant des troupes républicaines, mais d'arrêter celles-ci assez longtemps pour permettre aux débris de l'armée royaliste de se rembarquer. Sombreuil et lui prirent à la hâte, dans ce but, au milieu d'une confusion épouvantable, d'urgentes et vaines dispositions. Toute l'artillerie était prise ou détruite ; aucun retranchement n'était élevé dans l'intérieur de la presqu'île, encombrée par la foule des blessés et par une multitude de paysans, vieillards, femmes, enfants, courant tous en désespérés vers le rivage, rompant et entraînant avec eux les valeureux bataillons qui essayaient de se former et qui n'avaient que leur poitrine à opposer aux feux violents de la mousqueterie et des canons. Sur divers points, ralliés par Sombreuil, ils parvinrent à se former et, se précipitant sur les républicains avec toute la furie du désespoir, ils les firent reculer : vains efforts ! que pouvait l'héroïque valeur de trois ou quatre mille hommes contre un ennemi quatre fois plus nombreux et enivré par la victoire! A chaque moment les royalistes perdaient du terrain et se rapprochaient de la mer; mais la marée était basse, la flotte anglaise était à l'ancre à une lieue du rivage, et la tourmente soulevait encore les vagues et rendait très difficile l'approche des embarcations. Le ciel était fort sombre, et l'amiral n'aperçut pas le drapeau tricolore flottant sur la forteresse; il ignorait qu'elle fût prise. Puisaye envoya successivement à bord un pilote intrépide et un aide de camp, le marquis de la Jaille : puis voyant tout désespéré, il s'embarqua lui-même, au fort Haliguen, sur un frêle esquif, pour hâter l'arrivée des secours et aussi, dit-il, pour mettre en sûreté sa correspondance, qui eût compromis toute la Bretagne. L'honneur militaire exigeait qu'il restât pour mourir avec ceux qu'il avait entraînés dans le péril, mais sa fuite fut à tort considérée comme une trahison.

Averti du désastre, l'amiral Warren fit faire force voiles vers le rivage et ouvrit un feu terrible sur les républicains : quelques coups mal dirigés portèrent sur la foule des fuyards et sur leurs défenseurs. Le plus affreux spectacle s'offrait alors aux regards. La mer agitée sous un ciel toujours sombre écartait les embarcations vers lesquelles une multitude de malheureux de tout sexe et de tout âge tendait les mains en poussant des cris. Beaucoup s'avançaient jusque dans la mer pour ne plus reparaître, ou retombaient, roulés et brisés, sur le rivage, au bruit de la fusillade et des canons de l'escadre, qui vomissaient une pluie de fer autour d'eux et sur eux [1].

Un petit fort tout démantelé, le fort Neuf, autrement appelé fort Saint-Pierre, était à l'extrémité sud de la presqu'île et à un quart de lieue du fort Haliguen : là fut le dernier refuge des légions royalistes. Ce fort n'avait aucune défense du côté de la terre ; huit cents émigrés environ s'y trouvaient réunis, tour-

---

[1]. Des reproches injustes ont été adressés, dans cette circonstance, à l'escadre anglaise. Il était impossible que, dans cette épouvantable mêlée, un certain nombre de royalistes ne fussent atteints par les boulets destinés à les protéger.

nant le dos à la mer : le rivage, à droite et à gauche, était désert à cause du feu continuel des chaloupes qui rendaient de chaque côté les approches très-dangereuses : mais en face des émigrés, les grenadiers républicains, Hoche à leur tête, avançaient toujours, criant : « Bas les armes, à nous les patriotes ; » plusieurs voix criaient aussi : « Rendez-vous, on ne vous fera rien. » A trois cents pas environ ils s'arrêtèrent, et Hoche se porta en avant des siens. Sombreuil sortit du fort à sa rencontre pour capituler : il dit à Hoche qu'il offrait sa vie en sacrifice pour celle de ses malheureux compagnons, et demanda que ceux-ci fussent traités en prisonniers de guerre. Mais les lois étaient précises et, dans l'état désespéré où étaient les émigrés, Hoche ne crut pas pouvoir accéder à la demande de Sombreuil. Il admira son noble dévouement, et répondit que les vaincus devaient s'en remettre à la clémence de la Convention. Cependant il tira sa montre et accorda une demi-heure pour le rembarquement. Sombreuil revint au fort et, selon quelques versions, il fit espérer à ses compagnons qu'ils seraient traités comme prisonniers de guerre. Mais, selon le récit d'un écrivain royaliste, présent à cette scène, et qui entendit les paroles de Sombreuil, celui-ci dit aux émigrés : « Une demi-heure vous est accordée pour vous embarquer [1]. » Et il ordonna de déposer les armes. Un murmure s'éleva : on obéit en frémissant, et chacun coucha son arme devant soi. Deux fois alors le comte de Sombreuil lança son cheval sur la pointe des rocs en se dirigeant vers la flotte anglaise, et deux fois il fut rejeté par les vagues furieuses sur la côte : l'égarement du désespoir était dans ses yeux, dit l'auteur de la relation déjà citée ; il cherchait la mort, et comme il s'élançait une troisième fois, un officier arrêta son cheval : Sombreuil alors mit pied à terre et parut résigné.

L'escadre anglaise, arrêtée par des signaux répétés, avait cessé son feu; mais avant qu'elle eût mis ses embarcations à la mer, la demi-

---

[1]. De Corbehem, *Dix ans de ma vie*. Récit de l'affaire de Quiberon.

heure accordée par Hoche était écoulée. Hoche se retira ; son armée marcha en avant, enveloppa les royalistes et les fit prisonniers : on dit que plusieurs émigrés se percèrent de leurs épées ; d'autres se précipitèrent dans les flots pour échapper au sort fatal qui les attendait [1].

Après les combats acharnés vinrent les massacres juridiques. Les huit cents prisonniers faits au fort Neuf, réunis à ceux du fort Penthièvre, formaient environ trois mille hommes qu'on envoya à Auray, sous la conduite du général Humbert et du représentant Blad. Tallien se rendit à Paris, où il exalta la récente victoire des armées de la République, en se glorifiant lui-même, et il se montra impitoyable envers les vaincus. Hoche avait intercédé pour eux et pensait avoir ému Tallien en leur faveur [2] : mais Tallien appela sur leur tête la vengeance nationale ; il fit plus, il les calomnia, et avant d'immoler ses victimes, il

---

1. De Corbehem, *ibid*.
2. Selon Rouget de l'Isle, Tallien avait promis à Hoche d'intervenir pour les prisonniers.

essaya de les flétrir, les accusant de porter des armes empoisonnées. Les malheureux prisonniers, conduits à Auray, furent entassés dans les églises et dans les prisons de cette petite ville : avec eux était l'évêque de Dol et tous les prêtres qui avaient, comme lui, fait partie de l'expédition de Quiberon. Les chouans furent ensuite séparés des émigrés. Ceux-ci furent livrés à une commission militaire devant laquelle ils invoquèrent une capitulation dont il leur fut cependant impossible de démontrer l'existence, ayant pris pour une convention régulière les paroles de clémence sorties, dans le feu de l'action, des rangs républicains [1].

Le sentiment public se prononçait avec énergie en faveur de cette multitude d'infortunés, les uns dans la fleur de l'âge, les autres

---

[1]. La question de savoir s'il y avait eu ou non une capitulation verbale a donné lieu à d'interminables controverses. L'étude attentive des faits et le caractère loyal de Hoche, ne permettent pas d'admettre qu'une capitulation ait été consentie par lui. Cette question a été examinée avec impartialité dans la Biographie de Hoche, par M. Desprez; j'en ai inséré un court extrait aux pièces justificatives. Voyez note B.

blanchis dans les combats, criblés de blessures, mornes et fiers, égarés sans doute, mais tous victimes de leur loyauté chevaleresque, de leur dévouement héroïque à leur cause, et dont un grand nombre avaient été, sous le régime précédent, l'honneur de la marine française. Le représentant Blad ne vit pas la tache indélébile que le sang de tant de braves, froidement versé par le gouvernement républicain, allait imprimer sur la République tout entière : les soldats eux-mêmes préposés à leur garde étaient émus et attendris : deux fois la commission parut faiblir et fut renouvelée : Blad fut inexorable, et la Convention nationale, avant de se dissoudre, offrit encore au démon des guerres civiles cet immense holocauste.

Les émigrés appartenant aux divers régiments furent conduits successivement et par corps au lieu du supplice. Ceux du régiment de Béon furent appelés les premiers : « Je les vis défiler devant moi, allant à la mort, dit un émigré échappé au massacre ; un tambour les devançait, battant l'air de route : venait ensuite un peloton d'infanterie; une troupe de paysans, la bêche sur l'épaule, fermait cette marche funèbre.... Les officiers marchaient deux à deux : le calme et la résignation se peignaient dans leurs traits, la fierté dans leur maintien [1]. » Ils furent tous conduits dans un champ attenant à la ville d'Auray. Là on les fusilla : plus de sept cents de leurs compagnons eurent le même sort, et les exécutions durèrent plusieurs jours.

Le comte de Sombreuil avait été transféré, quelques jours auparavant, d'Auray à Vannes, avec l'évêque de Dol, et le lendemain ils furent conduits au supplice. « Un général républicain s'approcha de Sombreuil et le pria de permettre qu'on lui bandât les yeux. — « Non, répondit Sombreuil, je veux voir mon » ennemi en face jusqu'au dernier moment. » Invité à se mettre à genoux, il dit : « J'y con- » sens; mais je fais observer que je mets un » genou en terre pour mon Dieu, et l'autre » pour mon roi [2]. » Il mourut en soldat et en

1. De Corbehem, *Souvenirs de Quiberon*.
2. Villeneuve la Roche-Barnaud, *Mémoire sur l'expédition de Quiberon*.

chrétien : l'évêque de Dol périt après lui, fusillé avec ses prêtres.

Vingt ans plus tard, les restes des braves morts à Auray furent précieusement recueillis, et un monument funèbre leur fut élevé dans le champ même où ils avaient péri et qui, aujourd'hui encore, est consacré par le sentiment populaire sous le nom de *champ des martyrs*.

On frémit au souvenir de tant de cruautés commises de sang-froid. Hoche eut lui-même à souffrir de l'horreur générale soulevée par cet épouvantable sacrifice qu'il eut le désir, mais non le pouvoir d'empêcher, et dont la responsabilité tout entière appartient à Tallien, à Blad, au Comité de salut public et à la Convention.

La cause royale reçut, à Quiberon, un échec irréparable, mais la France y reçut aussi, par l'immolation de tant de victimes, une incurable blessure : elle donna plus tard un douloureux souvenir aux valeureux compagnons des d'Estaing, des de Grasse et des Suffren, si cruellement immolés à Auray, lorsqu'elle voulut, après ces guerres fratricides, disputer l'empire des mers aux Anglais, et plus d'une fois depuis cette époque, dans ses désastres maritimes, elle entendit sortir du fond de l'abîme qui engloutissait ses flottes, ce cri vengeur : QUIBERON ! QUIBERON !

V

Suite et fin des opérations de Hoche dans l'Ouest.
Pacification de la Bretagne et de la Vendée

Charette avait repris les armes et occupait une grande partie de la basse Vendée et tout le littoral, lorsqu'il apprit le désastre des émigrés à Quiberon et le supplice des survivants. A cette dernière nouvelle, la fureur s'empara de son âme, et comme représailles, il fit sans pitié fusiller, sous ses yeux, trois cents républicains qu'il tenait prisonniers. Il obtint, vers le même temps, des témoignages de la plus haute faveur du prince qui résidait à Vérone et que les royalistes et les puissances étrangères avaient reconnu pour roi sous le nom de Louis XVIII [1]. Charette reçut le cordon rouge, le titre de lieutenant général et le commandement en chef des armées catholiques et royales. Tant de faveurs accumulées sur sa personne stimulèrent encore davantage son zèle infatigable, et il redoubla d'énergie pour soulever le pays et tenir tête aux trois armées républicaines de l'Ouest, de Brest et de Cherbourg, dont les généraux se rendirent à Nantes pour y concerter un plan d'opérations.

Cette conférence n'eut aucun résultat sérieux : Hoche en gémit, et, dans son rapport au Comité de salut public, il annonça la descente prochaine d'une nouvelle expédition anglaise sur les côtes et déplora la lenteur avec laquelle la guerre était conduite. « Verrai-je donc toujours, dit-il, à la honte de nos armes, moisir nos troupes dans nos cantonnements? Prétend-on attendre la sai-

---

[1]. Le jeune prince nommé Louis XVII, depuis le 21 janvier 1793, était mort âgé de huit ans, à la suite de traitements affreux, en juin 1795. Ses droits au trône passèrent à son oncle Louis, Stanislas-Xavier, comte de Provence.

son des pluies pour agir en Vendée? Ne voit-on pas que les rebelles cherchent à gagner du temps et attendent les secours qui leur sont promis pour agir? Dieux de mon pays, enflammez tous les cœurs. Fais, ô liberté, que tous nos soldats deviennent des héros! et la patrie sera conservée indépendante[1]. »

Peu de jours après l'envoi de ce rapport, Hoche fut nommé au commandement de l'armée de l'Ouest, en remplacement du général Canclaux, et, dans son premier ordre du jour, il mit de nouveau en évidence les grands principes qui avaient, en toute circonstance, dirigé sa conduite : obéissance au gouvernement, observation rigoureuse de la discipline, respect inviolable des lois de l'honneur, compassion pour les malheureux, égards et protection aux habitants paisibles des campagnes, guerre sans trêve aux coupables et aux ennemis de la patrie. Hoche obtint que son armée, qui occupait le foyer même de l'insurrection royaliste, fût portée à qua-

---

1. *Correspondance de Hoche.* — (14 fructidor) 31 août 1795.

rante-quatre mille hommes, et il fit sur-le-champ les plus habiles dispositions pour prévenir le débarquement de l'expédition de toute part annoncée.

Le danger en effet était imminent. Le désastre de Quiberon n'avait point découragé le gouvernement anglais. Une nouvelle escadre cingla vers la côte de France dans les derniers jours de septembre : elle portait deux mille hommes d'infanterie, cinq cents cavaliers tout équipés, des cadres de régiments d'émigrés, des armes, des munitions, des vivres pour une armée nombreuse, et enfin le prince depuis si longtemps attendu, le comte d'Artois, frère de Louis XVI, et qui devint le roi Charles X.

Le prince descendit, au commencement du mois d'octobre, avec une partie des troupes de l'expédition, dans l'île Dieu, et il se proposait d'aborder en face sur la côte de la basse Vendée où Charette, en possession du littoral, devait protéger son débarquement. Mais Hoche déjoua tous les plans de ce chef redoutable : il le battit en plusieurs rencontres, l'obligea de se retirer dans l'intérieur du pays et se rendit maître de toute la côte. Le débarquement n'était plus praticable et la haute marée rendait impossible une plus longue station de la flotte dans ces parages dangereux. Elle fut rappelée. Après un séjour de six semaines sur le stérile rocher de l'île Dieu, le comte d'Artois revint en Angleterre, et tout le fruit de cette grande expédition fut perdu.

Le départ de l'escadre jeta les royalistes dans la consternation : Charette en conçut une irritation profonde. Il voyait toutes les forces républicaines attirées maintenant en Vendée : il lui fallait désormais lutter presque seul et sans espérance, et il résolut de vendre chèrement à ses adversaires la victoire et sa vie.

Hoche, malgré ses succès, se trouvait encore une fois dans une situation très-difficile: toute la basse Vendée, comprenant le pays entre la Sèvre Nantaise et l'Océan, était acquise moralement à la cause royale: la population avait gardé ses armes, et, quoique paisible en apparence, il eût suffi d'une victoire pour la soulever de nouveau tout entière. Un chef habile, Sapinaud, avait repris l'épée et emporté la ville de Mortagne; Stofflet, jaloux des faveurs accordées à Charette, avait refusé de se rendre à son appel, mais il n'attendait qu'une occasion favorable, et toujours dirigé par l'abbé Bernier, il exerçait une influence absolue en Anjou et dans la haute Vendée, où, entouré d'une cour d'officiers et d'émigrés, il était le maître du pays. Puisaye, d'autre part, avait reparu en Bretagne et attirait à lui tous les chefs chouans, organisait l'insurrection, et servait, avec la plus indomptable énergie, la cause des princes qui n'avaient su apprécier ni son dévouement ni ses talents : l'Ouest tout entier, au premier signal pouvait être de nouveau en feu.

En face de tant de périls, Hoche conçut un nouveau plan : il vit bien que ce n'était plus par les armes qu'il fallait vaincre un ennemi que l'on ne pouvait atteindre nulle part. « L'habitant de la Vendée, dit l'historien de la Révolution, était paysan et soldat tout à la fois. Au milieu des horreurs de la guerre civile, il n'avait pas cessé de cultiver ses champs et de soigner ses bestiaux. Son fusil était à ses côtés, caché sous la terre ou sous la paille. Au premier signal de ses chefs il accourait, attaquait les républicains, puis disparaissait à travers les bois, retournait à ses champs, cachait de nouveau son fusil, et les républicains ne trouvaient qu'un paysan sans armes dans lequel ils ne pouvaient reconnaître un ennemi. Tandis que les Vendéens avaient toujours les moyens de vivre et de se recruter, les armées républicaines qu'une administration ruinée ne pouvait plus nourrir, manquaient de tout et se trouvaient dans le plus horrible dénûment [1]. »

Hoche, sans détruire le pays, imagina un moyen ingénieux de le réduire en lui enlevant ses armes, et en prenant une partie de ses subsistances pour l'usage de l'armée républicaine. « Il forma une ligne circulaire qui s'ap-

---

[1]. Thiers, *Histoire de la Révolution française*.

puyait à la Sèvre et à la Loire, et qui tendait à envclopper progressivement tout le pays. Cette ligne était composée de postes assez forts, liés entre eux par des patrouilles, de manière qu'il ne restait pas un intervalle libre à travers lequel pût passer un ennemi assez nombreux. Ces postes étaient chargés d'occuper chaque bourg et chaque village et de désarmer tous les habitants : ils devaient s'emparer des bestiaux et des grains entassés dans les granges : ils devaient aussi arrêter les habitants les plus notables et ne restituer les bestiaux, les grains, ni élargir les habitants pris en otage que lorsque les paysans auraient volontairement déposé leurs armes... Il leur était recommandé d'exiger un nombre de fusils égal au moins au quart de la population mâle. Après avoir reçu les armes, on devait rendre fidèlement les otages, les bestiaux et les grains, sauf une partie prélevée à titre d'impôt et déposée dans les magasins de l'armée. Hoche avait recommandé aux officiers de traiter les habitants avec une extrême douceur, de s'entretenir avec eux, de les bien traiter, de les envoyer même quelquefois à son quartier général, et de leur faire quelques présents. Il avait prescrit aussi les plus grands égards pour les curés. « Les Vendéens, disait-il, n'ont qu'un sentiment véritable, c'est l'attachement pour leurs prêtres. Ces derniers ne veulent que protection et repos; qu'on leur assure ces deux choses, qu'on y ajoute même quelques bienfaits, et les affections du pays nous seront rendues. » La ligne que Hoche appelait ligne de *désarmement* devait envelopper la basse Vendée circulairement, s'avancer peu à peu et finir par l'embrasser tout entière. En s'avançant elle laissait derrière elle le pays désarmé, réconcilié, et le protégeait contre le retour des chefs insurgés qui ordinairement punissaient par des dévastations la soumission à la République et la remise des armes. Deux colonnes mobiles la précédaient pour combattre ces chefs et les saisir s'il était possible, et bientôt en les resserrant toujours davantage, elle devait les enfermer et les prendre inévitablement[1]. »

1. Thiers, *Histoire de la Révolution française.*

Hoche soumit son plan de pacification au Directoire, qui l'approuva. On nommait ainsi le nouveau pouvoir exécutif qui avait succédé en France au règne sanglant de la Convention et du Comité de salut public [1]. Les directeurs appelèrent Hoche à Paris pour se concerter avec lui et lui conférer de nouveaux pouvoirs.

La réaction thermidorienne était alors dans toute sa violence à Paris, ainsi que dans les principales villes : partout l'autorité, soutenue par le sentiment public, fermait les clubs des jacobins et des sociétés révolutionnaires, et voyait se rouvrir les salons où, à côté de généraux illustres, de publicistes distingués et des hommes politiques qui avaient contribué ou applaudi à la révolution de thermidor,

---

[1]. La France s'était donné, à cette époque, une constitution nouvelle, celle de l'an III. Cette constitution mettait fin à l'existence de la Convention nationale : elle plaçait le pouvoir législatif dans deux conseils, celui des *Cinq-Cents* et celui des *Anciens*, et le pouvoir exécutif dans un Directoire composé de cinq régicides qui furent : La Reveillère-Lepeaux, Barras, Rewbell, le Tourneur et Siéyès bientôt remplacé par Carnot. Ils entrèrent en fonctions le 27 octobre 1795 (4 brumaire an IV).

se rencontraient déjà quelques hommes appartenant à l'ancienne aristocratie et qui, proscrits sous la Terreur avec leurs familles, ne se montraient cependant pas hostiles au régime nouveau. Le salon de la belle Mme Tallien (née Cabarus) était le plus célèbre comme le plus fréquenté. Hoche y parut et y fut l'objet de l'attention générale : ses grands services, son génie, sa jeunesse (il avait à peine vingt-huit ans), étaient autant de titres à l'admiration, et il y ajoutait encore par son grand air, par la dignité naturelle empreinte dans toute sa personne, et par la noble simplicité de ses manières. « La loyauté de Hoche, dit son biographe déjà cité, la sincérité de son dévouement à la République, ne permettaient à personne de redouter pour elle ce bras glorieux, quelque puissant qu'il fût. On ne surprenait, dans ses discours, aucune de ces paroles auxquelles se devine le général qui sera porté à la tyrannie par la popularité. Ce n'était pas un de ces hommes qui éblouissent, dont la domination s'exerce par l'entraînement, et qu'on suit comme pris de vertige, dans l'arène où Dieu leur a permis d'étonner le monde[1]. » Il inspirait surtout et au plus haut degré la confiance : on reconnaissait, dans toute sa conduite, un sentiment profond d'honneur et de moralité, exception rare à toutes les époques et plus particulièrement dans celle qui suivit le règne de la Terreur : chacun sentait que la cause de la République était en sûreté dans ses mains. Le Directoire s'honora en sachant le comprendre, et ne se montra point jaloux de sa gloire : il approuva toutes les mesures proposées par Hoche pour pacifier la Bretagne et la Vendée ; il lui confia les trois armées des côtes de Brest, de Cherbourg et de l'Ouest, qui n'en formèrent qu'une sous le nom d'*armée des côtes de l'Océan*, et à ce grand commandement militaire il unit les pouvoirs civils les plus étendus. Jamais homme, depuis 1789, n'avait eu dans sa main une autorité plus grande : Hoche reçut avec modestie ce témoignage d'une confiance si absolue, et ne s'en

---

[1]. Bergounioux, *Essai sur la vie de Lazare Hoche*, p. 244-245.

montra point enivré. Sa renommée était sans tache : elle était la plus haute et en même temps la plus pure de l'époque; « Hoche enfin était considéré comme le plus glorieux représentant de la République et son plus ferme soutien [1]. »

Après un séjour d'un mois à Paris, Hoche retourna dans l'Ouest pour achever d'exécuter ses nouveaux projets d'après lesquels une armée tout entière devait envelopper graduellement les provinces insurgées pour les désarmer. Son vaste plan d'opération devait être suivi d'abord en Vendée, puis en Bretagne, et il appartiendrait à Hoche de déterminer le moment où la soumission des pays insurgés permettrait d'y substituer, au régime militaire, le régime constitutionnel et légal.

Hoche se rendit d'abord à Angers et reconnut qu'il avait été fort mal suppléé par le général Willot, qui avait tout compromis en l'absence de son chef. L'indiscipline était rentrée dans l'armée ; Charette avait franchi la ligne de

---

[1]. *Id., ibid.*

désarmement et se montrait de nouveau redoutable : d'autres chefs avaient repris les armes ou menaçaient de les ressaisir.

Tout changea de face à l'arrivée de Hoche et, pour assurer l'exécution de son plan de désarmement et de pacification, il comprit qu'il lui fallait d'abord abattre les chefs survivants et surtout Charette et Stofflet. Celui-ci, surveillé de près en Anjou et sur le point d'être réduit à l'impuissance, avait recommencé la guerre. Hoche ne lui laissa pas le temps de rallier ses forces : les colonnes républicaines, partant de divers points, l'enveloppèrent de toutes parts, lui firent éprouver coup sur coup deux défaites et le traquèrent dans les bois. Stofflet trahi, dit-on, par quelques-uns des siens, fut livré aux républicains et conduit à Angers, où il fut jugé militairement et fusillé.

Hoche poursuivait cependant avec constance son plan de pacification générale et s'attachait à prévenir ou à punir indistinctement tous les excès commis soit par les royalistes, soit par son armée ou par les patriotes. Il provoqua ainsi les plaintes de tous ceux dont il contenait les fureurs, il s'attira leur haine et se vit de nouveau, en Vendée comme en Bretagne, dénoncé, accusé par tous les mécontents. Plusieurs fois, accablé d'une responsabilité immense, poussé au désespoir et se sentant faiblir : « Je puis braver les boulets, disait-il, mais non l'intrigue[1], » et il offrit de résigner ses pouvoirs. Il montrait en toute occasion, par son exemple, que le véritable amour de la liberté est inséparable d'une haute moralité, de la parfaite estime de soi-même. Pauvre, il poussait le scrupule jusqu'au point où le désintéressement devient une vertu rare. L'historien de la Révolution a dit de lui : « Ce jeune général qui aimait les plaisirs, qui était à la tête d'une armée de cent mille hommes et qui disposait du revenu de plusieurs provinces, manquait cependant quelquefois du nécessaire. Ses appointements, payés en papier, se réduisaient à rien : il manquait de chevaux, de selles et de brides, et il demandait l'autorisation de prendre, en

---

1. Rousselin, *Correspondance de Hoche*, 16 janvier 1796.

les payant, six selles, six brides, des fers de cheval, quelques bouteilles de rhum et quelques pains de sucre, dans les magasins laissés par les Anglais à Quiberon : exemple admirable de délicatesse, que nos généraux républicains donnèrent souvent, et qui allait devenir tous les jours plus rare [1]. »

Hoche ne connaissait du pouvoir que le fardeau, que la responsabilité qu'il impose : il soupirait après les douceurs de la vie de la famille. Les lettres qu'il écrivait à cette époque, peu de mois après les sanglantes scènes de Quiberon, peignent ses inquiétudes, ses tendres préoccupations pour sa femme et pour l'enfant qu'elle porte en son sein. En les lisant, on voit comme il savait se dérober aux graves soucis de son vaste commandement pour entrer avec sollicitude dans les détails intimes et dans les soins les plus minutieux de la paternité qui s'annonce. Cette noble indépendance, cette liberté d'action qu'il aime, cette dignité de caractère, tous ces biens précieux qu'il estime à si haut prix, il

[1]. Thiers, *Histoire de la Révolution*, liv. XXXII.

les veut aussi pour son enfant. Dès le berceau, tout doit tendre à ce but. « J'exige, dit-il à sa femme, que mon enfant n'ait point de maillot : il ne faut pas qu'il soit serré dans des langes comme dans un étau... ni lisière, ni bourrelet : laisse-le marcher sur les pieds et sur les mains, sur une couverture, en hiver dans la chambre, en été dans le jardin... Parle-lui raison en naissant ; qu'il te respecte et t'obéisse sans te craindre ; qu'il t'aime parce que tu es sa mère et non pour des bonbons : que jamais surtout il ne sache qu'il y a des êtres qui battent leurs enfants ; le mien ne doit pas être avili [1]. »

Peu de jours après, c'est à sa femme qu'il donne d'intelligents conseils pour elle-même ; il s'occupe de compléter son éducation comme il s'occupera plus tard de celle de son enfant à naître. Il dirige ses lectures, il lui enseigne à arrêter son attention et sa réflexion sur ce qu'elle lit, et la familiarité du langage ajoute à sa précision : « Tu ne dois pas, dit-il, être

[1]. Correspondance manuscrite de Hoche, 21 septembre 1795. Lettre communiquée par sa famille.

un perroquet qui n'entend rien à ce qu'il répète : lis peu et analyse beaucoup... dis beaucoup de choses en peu de mots : tu le vois, je te traite en ami : je crois en avoir le droit, certain que je suis l'auteur dont tu retiens le plus volontiers les préceptes. » Sa tendresse s'épanche plus loin avec effusion, et l'enjouement se mêle sous sa plume à la gravité plus que sérieuse d'un homme qui a trouvé des mécomptes dans la gloire, et des épines sous les lauriers. « Tu vas bientôt être mère, écrit-il, qu'il me sera doux d'embrasser la mère et l'enfant ! que de caresses je prodiguerai à l'un et à l'autre ! qui plus que moi sait aimer ? Pour avoir l'air et le ton mélancoliques, est-il un cœur plus sensible que le mien ? Non sans doute : de longs malheurs, de grandes pertes ont pu donner à ma figure, à ma conversation un ton morne et pensif, mais je retrouverai le bonheur dans tes bras ! J'y retrouverai également ma gaieté, perdue depuis bien des années [1]. »

[1]. *Ibid.* Lettre du 12 octobre 1795, communiquée par sa famille.

Sa tâche en effet était triste : il tressaillait au bruit des combats livrés sur de lointaines frontières par ses compagnons d'armes, ses glorieux émules; il leur enviait leurs victoires remportées contre des étrangers, sur le Rhin ou sur les Alpes, tandis qu'il luttait, lui, contre des Français sur le sol sanglant de la patrie. Il compatissait doublement au malheur des vaincus, mais il n'en poursuivait pas moins sa tâche ingrate avec autant de constance que de vigueur.

De tous les chefs fameux qui s'étaient fait un grand nom dans la Vendée, il n'en restait qu'un, le plus habile comme le plus indomptable. Charette luttait encore et, quoique suivi seulement de quelques centaines d'hommes, le prestige qu'il exerçait sur les esprits était immense, et Hoche comprit que le pays ne serait jamais pacifié aussi longtemps que Charette serait debout sur son sol. Il le fit relancer sans relâche par toutes ses colonnes, et confia principalement le soin de sa poursuite à l'adjudant général Travot. Celui-ci ne donna ni repos ni trêve à ses troupes, traquant Charette comme une bête fauve : chaque fois qu'il croyait le saisir, Charette lui échappait, refusant toutes les conditions qui eussent sauvé sa vie, préférant la mort à l'exil, dur à lui-même, terrible à ses ennemis, cruel aux traîtres, impitoyable aussi pour ceux des siens qui parlaient de paix et de soumission. Il fut enfin attiré dans une embuscade : la lutte suprême dura plusieurs heures, et Charette tomba épuisé. Un Allemand fit alors une action admirable; il prit le chapeau de son général et se fit tuer à sa place, tandis qu'un des siens emportait Charette sur son dos à travers le bois et le cachait sous des ronces à l'entrée du taillis de la Chabotterie. Un déserteur le trahit pour obtenir sa grâce et le livra aux républicains : Travot accourait, et ce fut à lui que Charette rendit son épée.

Travot traita son prisonnier avec les égards dus au courage et au malheur. Ils entrèrent, dans la ville d'Angers, côte à côte, s'entretenant familièrement à travers le flot des populations accourues à leur rencontre : un mouchoir taché de sang entourait le front de

Charette : jamais sa contenance n'avait été plus fière ni son regard plus assuré. Transféré à Nantes, il y fut jugé et condamné à mort. L'autorité militaire, au mépris des ordres formels de Hoche, souffrit que Charette fût impunément outragé dans cette même ville où, l'année précédente, il avait fait une entrée presque triomphante. L'officier de l'escorte chargée de le conduire au supplice le fit passer à dessein sous les fenêtres de la maison où s'était réfugiée sa famille. Sa sœur parut à la fenêtre : Charette s'arrêta, leva les yeux et l'encouragea du regard et du geste [1]. Parvenu au lieu fatal, intrépide et calme devant la mort, il resta debout, commanda le feu ; puis s'affaissa doucement sur lui-même.

Sa perte consterna les royalistes et remplit de joie les républicains. Le gouvernement ordonna des réjouissances publiques : Hoche fit davantage et rendit l'hommage le plus éclatant à la valeur de ce chef fameux, en ordonnant, le jour même où il apprit son supplice,

---

[1]. Informé du fait, Hoche chassa cet officier des rangs de l'armée, comme indigne.

que l'état de siége serait levé dans toute la Vendée.

Hoche passa ensuite avec son armée en Bretagne et enveloppa cette province d'un large cordon de troupes, depuis la Loire jusqu'à Granville. Les chouans étaient hors d'état de lutter contre une si puissante étreinte : ils lui opposèrent néanmoins une résistance opiniâtre, et se laissèrent acculer à la mer avant de se soumettre. Le Morbihan enfin rendit ses armes : déjà Sapinaud avait remis les siennes : toutes les divisions royalistes suivirent successivement cet exemple : Frotté négocia en basse Normandie et fut transporté avec les siens en Angleterre : Puisaye se voyant seul et sur le point d'être pris, s'embarqua pour Jersey. Hoche, maître du pays, y distribua ses cent mille hommes dans une multitude de petits cantonnements pour le surveiller et l'enlacer d'un réseau de fer, et il acheva ainsi de le soumettre.

Il lui restait à l'administrer et à le maintenir en paix. Il donna à ces soins quelques mois d'un gouvernement doux, habile, équitable, exempt de faiblesse comme de violence et, tandis que les hommes exaltés de tous les partis dénonçaient son administration comme provoquante et oppressive, il levait partout l'état de siége, abdiquait les pouvoirs extraordinaires dont il était investi et renonçait volontairement à la dictature. Il plia au joug de l'ordre légal les royalistes comme les républicains, et rétablit l'autorité des lois dans les contrées malheureuses où la force seule avait été souveraine durant quatre années. Il ne put y réussir sans rencontrer d'abord, des deux parts, une vive résistance dont il eut cruellement à souffrir, et pour la cinquième fois il offrit sa démission [1], que le Directoire refusa en lui accordant de nouveaux témoignages de sa confiance et de son estime. Hoche reprit courage et continua son œuvre sans cesser de tourner ses regards vers le toit domestique, de soupirer après les joies de la famille. Un enfant lui était né : Hoche était père d'une fille qu'il nomma

---

[1]. Lettre de Hoche au Directoire, avril 1796.

Jenny, du nom de sa propre mère, et sur laquelle il veillait à distance avec une sollicitude passionnée : il exigea qu'elle fût nourrie par le sein maternel, et au plus fort de sa dernière lutte en Vendée, la veille même de la prise de Charette, il écrivait à sa femme : « Qu'il doit être touchant le tableau de mon Adélaïde caressant, allaitant ma Jenny! il manque à mon bonheur : n'en jouirai-je pas bientôt[1] ? ». D'autres lettres écrites durant son administration pacifique, nous le montrent si profondément convaincu de la nécessité de faire respecter la loi, qu'il veut que sa femme en soit pénétrée autant que lui : « Sois toujours bien républicaine, lui écrit-il, non en parlant politique, mais en ne souffrant pas qu'on avilisse, chez toi ou en ta présence, les lois constitutionnelles, et en pratiquant les vertus[2]. » Il ne comprend pas la liberté sans une haute moralité, une république sans des âmes fortes et viriles. « La tienne doit s'agrandir, dit-il à

---

1. Correspondance manuscrite de Hoche. Lettre du 21 mars 1796, communiquée par sa famille.
2. *Id.*, 3 mai 1796.

sa femme, et ton époux doit t'avoir donné la portion d'énergie qui te convient [1]. »

Hoche agissait comme il parlait : toujours ferme et digne, juste avant tout, aimant mieux conquérir les cœurs par des bienfaits que par la violence. Il imposait, sous les peines les plus rigoureuses, le respect des propriétés et des personnes, et en même temps il rétablissait le culte dans tous les lieux soumis à son autorité. Avant Bonaparte, il proclama la tolérance religieuse et rouvrit les églises. Tant de soins intelligents, tant d'activité, de prudence et de probité portèrent leurs fruits et réussirent à gagner au général Hoche l'estime et la confiance des populations de l'Ouest; sa parole loyale était respectée comme la loi vivante et les habitants préféraient une simple promesse de lui à tout engagement contracté avec le gouvernement; les prêtres surtout se montraient reconnaissants et lui étaient dévoués : « Dieu lui-même, écrivait l'un d'eux, satisfait de ce que vous avez fait

---

1. *Id., ibid.*

pour le soutien de sa religion, pour la conservation de ses ministres, qui sont vos frères, écoutera favorablement les prières que nous ne cessons de lui adresser pour vous, et vous comblera de ses bénédictions [1]. »

Hoche réconcilia ainsi les départements de l'Ouest avec la République : il pacifia la Bretagne et la Vendée, et c'est sa plus grande gloire. N'ayant pu le vaincre par les armes, le parti royaliste essaya de le gagner : avant de s'adresser à Bonaparte, il rappela à Hoche le rôle de Monck en Angleterre et fit briller à ses yeux l'épée de connétable, que Hoche repoussa noblement, sans dédain comme sans jactance. Fidèle à la République et rejetant les avances de ses plus ardents adversaires, il éclairait d'autre part le Directoire sur leurs intrigues, d'un style persuasif et respectueux, bien différent du ton menaçant dont parlera plus tard à ce même gouvernement le héros de brumaire. Plaidant pour quelques patriotes et signalant les dangers de la réaction ther-

---

1. Lettre du curé de Lesvière à Hoche.

midorienne, Hoche écrivait au ministre : « Pourquoi violer les lois et faire juger militairement quelques malheureux exaltés? Ils m'ont proscrit : je ne puis être taxé de partialité en leur faveur, mais je parle pour les principes :... il est temps. Défiez-vous de ceux qui, avec des formes élégantes et polies, vous donnent le change sur la situation de la République, et qui désignent les patriotes aux poignards des assassins en les peignant comme des terroristes...... Si l'Hôpital et Sully, animés du bien public, osèrent dire la vérité à leur roi, à leur maître, sans doute vous pardonnerez à un soldat républicain d'avoir imité ces grands hommes dans leur simplicité. »

Hoche était alors à l'apogée de sa gloire et de sa fortune : le Directoire reconnut les services qu'il avait rendus et lui donna la récompense la plus enviée à cette époque où le luxe, inséparable des invasions et des conquêtes, n'avait point altéré les mœurs de nos armées, et où les généraux conservaient encore quelque chose de la simplicité antique :

il décréta qu'il serait fait don à Hoche, comme récompense nationale, de deux magnifiques chevaux et d'une paire de pistolets d'honneur [1], et proclama que l'armée de l'Océan et son chef avaient bien mérité de la patrie.

1. Voyez aux pièces justificatives la note C.

VI

Expédition d'Irlande.

La pacification de la Bretagne et de la Vendée enlevait à l'Angleterre l'espérance de triompher de la République en s'appuyant sur les provinces de l'Ouest. Cette puissance voyait au contraire cinquante mille hommes disponibles désormais pour quelque redoutable entreprise contre elle-même, et Hoche avait, depuis l'époque de sa brillante défense de Dunkerque, conçu la pensée d'une descente sur les côtes d'Angleterre ou d'Irlande. Le moment d'exécuter ce grand projet semblait venu, et c'était en Irlande qu'il voulait porter le premier coup à la puissance britannique.

L'Irlande alors opprimée était un foyer

permanent d'insurrection, et l'association de *defenders* ou *Irlandais unis* préparait un soulèvement général contre l'Angleterre. Cette association, appuyée d'une part sur la sympathie de toute la population catholique et d'autre part sur une armée française, pouvait atteindre son but, qui était de séparer l'Irlande de l'Angleterre : elle appelait les Français à son aide et promettait à l'expédition projetée par Hoche de grandes chances de succès.

La France couvrait alors ses frontières de jeunes républiques, et Bonaparte saisissait les imaginations par ses merveilleux exploits en Italie. Hoche, retenu par les pénibles soins de la pacification de l'Ouest, avait suivi de son ardente pensée le vainqueur d'Arcole à travers tous ses champs de victoire : « Glorieux jeune homme, s'écriait-il en se frappant le front, que je te porte envie ! » Il brûlait de faire d'aussi grandes choses, et de trouver un champ de gloire digne de son génie : il projetait donc de révolutionner l'Irlande, de la transformer en république ; puis de passer en

Angleterre et de la frapper au cœur. Il fit adopter son projet par le gouvernement qui, après s'être concerté avec les chefs des révolutionnaires irlandais, prépara à Brest une grande expédition dont Hoche eut le commanment.

Par suite du traité de Saint-Ildephonse, qui établissait avec l'Espagne une alliance offensive et défensive, la marine espagnole unie à la marine française permettait de disputer l'empire de l'Océan aux Anglais : mais les forces maritimes de la France et de l'Espagne étaient dispersées dans toutes les mers : leur réunion demandait un temps considérable, et l'ardeur impatiente de Hoche n'admettait point de longs délais. Il redoubla d'activité, et puissamment secondé par le ministre de la marine Truguet, il se hâta de combler les grands vides faits dans le corps d'officiers de l'escadre de Brest par l'émigration et les désastres de Quiberon, et il réussit à mettre promptement la flotte sur un pied formidable.

Le corps expéditionnaire devait être formé de plusieurs divisions de l'armée de l'Océan, que rendait disponibles la pacification de la Bretagne et de la Vendée, et qui furent dirigées sur Brest : Hoche y joignit deux légions, qu'il nomma légions des Francs : il composa la première des officiers et des soldats les plus résolus, audacieux jusqu'à la témérité ; il forma la seconde, il faut le dire, d'éléments indignes, et c'est un reproche pour sa mémoire. Détestant l'Angleterre, partageant de tristes préjugés et regardant, en haine du gouvernement britannique, le peuple anglais comme le suppôt de ministres perfides et d'une odieuse aristocratie, tous les moyens lui semblaient permis pour abaisser et pour désoler cette fière nation : il agit en conséquence et fit entrer dans cette seconde légion tout ce qu'il put ramasser de gens perdus, de bandits et de massacreurs, et il la mit sous le commandement d'un chef étranger connu par sa sauvage énergie [1]. Cette lé-

---

1. La première pensée de la composition de cette légion infernale appartient au général républicain Labarrolière, qui en fit l'objet d'une note dont Carnot se servit plus tard dans une instruction rédigée par lui pour l'établissement d'une chouan-

gion devait aborder en Angleterre pour abuser l'ennemi sur la véritable destination de l'escadre portant le corps expéditionnaire : elle eut l'ordre de débarquer à l'embouchure de la Saverne, de se porter de nuit sur Bristol, d'incendier cette ville et de semer la dévastation dans les campagnes environnantes; puis de se rembarquer pour jeter plusieurs détachements sur différents points du littoral en portant partout la mort, le ravage et l'incendie, attirant ainsi sur elle et retenant en Angleterre une partie considérable des forces britanniques, tandis que l'expédition cinglerait vers la côte irlandaise.

Le Directoire avait envoyé à Hoche de pleins pouvoirs pour diriger à sa volonté l'expédition qu'il préparait avec tant d'ardeur et déjà vingt mille hommes de troupes étaient réunis

---

nerie en Angleterre. On en trouvera quelques extraits à la fin du volume, note D. Hoche en obtint communication et eut le tort d'en faire usage dans la composition de sa seconde légion des Francs et dans les instructions qu'il lui donna.

Voyez, pour de plus amples renseignements à ce sujet, un intéressant écrit de M. le général marquis de Grouchy, publié sous ce titre : *Le général de Grouchy et l'Irlande en 1796.*

à Brest, prêts à s'embarquer en novembre 1796. Mais l'état de la marine laissait beaucoup à désirer : le dévouement et l'activité du nouveau chef donné à la flotte de Brest n'avaient pu suppléer à tout ce qui lui manquait encore. Les approvisionnements n'étaient pas faits : les vides énormes que l'émigration et ses suites désastreuses avaient ouverts dans les rangs des officiers [1], étaient mal comblés ; beaucoup d'officiers nouveaux manquaient d'expérience et avaient à combattre, à leur bord, l'indiscipline et l'insubordination, et cet état de choses créait sans cesse de nouveaux obstacles.

Hoche, irrité de tant de délais, apprend que l'Irlande est en pleine révolution, il entend dire que les insurgés ont expulsé de l'île dix mille Anglais envoyés pour les soumettre. Son sang bouillonne, il ne mesure pas le dan-

---

1. Lors d'une première visite que firent ensemble Hoche et l'amiral Villaret dans le port de Brest où mouillaient beaucoup de navires désemparés, Hoche s'informa de ce qu'étaient devenus les officiers qui les avaient glorieusement commandés. Villaret répondit : « Perdus pour la France, morts à Quiberon ! »

ger : il a promis de secourir les *defenders irlanlais;* il n'attendra pas la flotte ; il partira seul, et il écrit au Directoire : « J'ai donné ma parole que j'irais trouver ce brave peuple, je dois la tenir. Permettez-moi de partir avec une frégate, vous m'enverrez, cet hiver, tel secours que vous jugerez convenable. Je demande une frégate, parce que l'escadre n'est pas prête à sortir et que, tandis qu'un peuple généreux et confiant brise ses fers, on nous fait ici les scènes les plus désagréables... Les généraux Villaret et Morard de Galles ont bien voulu promettre de me seconder : je compte sur leur parole... [1] »

Le Directoire n'accorda point la permission demandée par le jeune et ardent général. Un mois s'écoula encore après lequel Hoche, perdant tout à fait patience, céda au découragement, et écrivit au ministre de la guerre : « Après bien des travaux, je me vois contraint de renoncer à mon entreprise, notre détestable marine ne peut et ne veut rien faire.

---

1. Lettre de Hoche au Directoire, 3 novembre 1796.

J'offre au gouvernement les seize mille hommes que j'ai réservés pour l'expédition ; attendre plus longtemps serait les exposer à périr de faim et de misère. Obtenez, je vous en supplie, que je ne les quitte pas : je les conduirai où l'on voudra en qualité de général divisionnaire, et quel que soit l'homme sous lequel on me place, soyez convaincu que je remplirai mon devoir[1]. »

Les directeurs à qui cette lettre fut soumise l'accueillirent mieux que la précédente. Ils avaient peu de confiance dans le succès de l'expédition, quoiqu'ils eussent donné à Hoche tout pouvoir pour agir : en lutte avec les conseils législatifs, ils méditaient un coup d'État pour affermir leur autorité chancelante, et déjà ils avaient jeté les yeux sur Hoche comme sur l'homme le plus propre à seconder leurs vues, osant compter sur son dévouement absolu à la cause républicaine et sur l'attachement de l'armée pour sa personne. Ils le virent donc avec une secrète sa-

---

[1]. Lettre de Hoche au ministre de la guerre Petiet, 8 décembre 1796.

tisfaction renoncer de lui-même à une entreprise difficile qui, selon toute apparence, le tiendrait éloigné au moment où ils prévoyaient qu'ils auraient besoin de lui, et après avoir hésité dix jours, ils décidèrent que l'expédition n'aurait pas lieu et appelèrent Hoche à Paris. Il était trop tard : lorsque l'ordre du Directoire parvint à Brest, déjà Hoche s'était ravisé ; la confiance lui était revenue ; son cœur de flamme avait tout entraîné : la flotte avait appareillé depuis deux jours et faisait voile pour l'Irlande.

L'armée expéditionnaire était forte d'environ quinze mille hommes. L'avant-garde était sous les ordres du général Lemoine : Grouchy, le plus ancien des généraux divisionnaires, commandait le corps de bataille, et le général Hurty l'arrière-garde ou la réserve. La flotte comptait dix-sept vaisseaux, treize frégates, treize bâtiments inférieurs, en tout quarante-trois voiles : Morard de Galles la commandait en chef, ayant sous ses ordres le major général Brueix et les trois contre-amiraux Richery, Bouvet et Nielly.

La baie de Bantry, en Irlande, fut le point de ralliement marqué à tous les capitaines dans des ordres cachetés qui ne devaient être ouverts qu'en pleine mer, et l'ordre du jour du général en chef contint des instructions détaillées et précises pour opérer un débarquement immédiat. Hoche et l'amiral Morard de Galles montaient ensemble une frégate très-légère, la *Fraternité*, afin d'être en mesure de se porter rapidement sur tous les points où leur présence serait nécessaire.

L'ordre d'appareiller fut donné dans la nuit du 15 au 16 décembre, par un temps sombre et favorable. A la sortie du port, quatre vaisseaux se heurtèrent et eurent des avaries : l'escadre en fut retardée et contrainte de mouiller, cette nuit même, dans la rade extérieure, dite *de Camaret*. La nuit suivante, elle appareilla de nouveau, et son départ fut marqué par un premier et terrible sinistre : le vaisseau *le Séduisant*, de soixante-quatorze canons, donna sur une roche, dans les ténèbres, au passage *du Raz*, et s'abîma sous les eaux. De treize cents hommes qui le montaient, quarante-cinq seulement furent sauvés et recueillis sur la côte. Les autres bâtiments réussirent à gagner le large, sans rencontrer les croisières anglaises. Les ordres furent décachetés, et toute l'escadre se dirigea sur la baie de Bantry, en Irlande.

Mais alors, comme toutes les fois que, depuis l'époque de la conquête normande une invasion de l'étranger avait menacé l'Angleterre, son heureux destin détourna d'elle le péril. Jamais ce fait n'a été plus saisissant que sous la Révolution et l'Empire[1]; et, pour peu qu'on veuille réfléchir, la raison demeure confondue devant les obstacles sans nombre et tout à fait indépendants de la volonté et du génie de l'homme, qui, à diverses époques et durant huit siècles, se sont interposés entre l'Angleterre et ses ennemis. Peut-être alors est-il permis de demander s'il n'entrait pas dans les mystérieux desseins de cette Pro-

---

1. Je ne connais rien de plus concluant à cet égard que l'exposé fait par M. Thiers des causes, aussi nombreuses qu'extraordinaires, qui firent échouer la fameuse expédition projetée à Boulogne.

vidence qui régit les destinées humaines, que la liberté fondée sur le respect des droits et de l'ordre légal, eût quelque part en Europe un inviolable asile.

A peine cette flotte formidable fut-elle arrivée à la hauteur de l'île d'Ouessant qu'une tempête souleva les flots et dispersa tous les navires. Le troisième jour, le vent tomba, et la plus grande partie de la flotte fut ralliée par le contre-amiral Bouvet et dirigée au point désigné pour le débarquement, en face de la côte d'Irlande (comté de Cork) et à l'entrée de la baie de Bantry. Neuf navires manquaient, et parmi eux était la frégate qui portait les deux chefs de l'expédition, Hoche et l'amiral de Galles.

Cependant les circonstances étaient propices : les chefs de l'association irlandaise accouraient et promettaient leur puissant concours ; aucune force anglaise n'était proche et n'avait encore l'éveil : le temps était calme, tout enfin favorisait un débarquement pour lequel Hoche avait laissé par écrit des ordres formels.

En l'absence de Hoche, le commandement appartenait au général de Grouchy, le plus ancien des généraux divisionnaires. Celui-ci ordonna au contre-amiral Bouvet, chef de la division navale, de mander à son bord ses deux collègues, Richery et Nielly : il leur dit qu'il était dépourvu d'instructions spéciales, pour le cas d'absence du général en chef ; mais il ajouta qu'il se conformerait aux ordres reçus et qu'il ferait son devoir. Il commanda donc aux trois amiraux de pénétrer au fond de la baie de Bantry avec leurs divisions, et d'y opérer sans retard le débarquement prescrit par le général Hoche.

Bouvet seul obéit : il entra dans cette baie, profonde de vingt-huit kilomètres, avec dix-sept bâtiments, portant sept mille hommes d'excellentes troupes, et prit les premières dispositions nécessaires pour débarquer.

Le vent s'éleva de nouveau, le 23 décembre, et fit craindre à la flotte une tempête dans un mouillage peu sûr. L'amiral Bouvet crut ses bâtiments en danger et jugea le débarquement difficile, avec des troupes trop peu nombreuses d'ailleurs pour obtenir dans l'île aucun résultat sérieux : voyant en outre les amiraux Richery et Nielly se tenir, avec leurs dix-neuf voiles, en dehors de la baie et plus disposés à les ramener en France qu'à les débarquer en Irlande, présumant enfin que la frégate qui portait Hoche et l'amiral en chef avait été capturée ou engloutie, Bouvet changea de résolution et suivit l'exemple de ses collègues. Bravant les commandements, les menaces mêmes du général Grouchy qui, dans son ordre du jour du 24 décembre, prescrivait un débarquement immédiat, l'amiral Bouvet donna l'ordre de couper les câbles, sortit de la baie et mit, avec ses collègues, le cap sur la France. La flotte fut de nouveau dispersée par les vents, et le 1er janvier enfin, quinze jours après avoir quitté le port de Brest, remplie d'audace et d'espérance, elle y rentra, battue de la tempête et désemparée [1].

[1]. Tous ces faits, appuyés de pièces irréfutables, ont été mis en lumière avec une parfaite clarté, dans la brochure écrite par le général marquis de Grouchy, pour défendre la mémoire

Ce jour-là même, Hoche et l'amiral, après avoir couru les plus grands dangers pour échapper aux croisières ennemies, entraient enfin eux-mêmes dans la baie de Bantry. Hoche n'y trouva ni la flotte, ni son armée, et lorsqu'il apprit qu'elles étaient venues, que l'armée n'avait point débarqué, et que la flotte l'avait ramenée en France, il fut saisi d'un affreux désespoir et voulut la suivre pour revenir avec elle en Irlande : mais son bâtiment fut de nouveau assailli par de furieuses tempêtes durant trois semaines, et ne rentra à Brest qu'après une absence de plus d'un mois : il trouva la flotte hors d'état de reprendre immédiatement la mer et ajourna à d'autres temps sa grande entreprise d'outre-Manche [1].

du général de Grouchy son père, à la conduite duquel M. Bergounioux et d'autres historiens ont trop légèrement imputé l'insuccès de l'expédition d'Irlande. Le général de Grouchy, ramené en France malgré lui, dénonça au Directoire la conduite de l'amiral Bouvet, et provoqua sa destitution.

1. La seconde légion des Francs commandée par le colonel Talc, après avoir débarqué en Angleterre, selon les instructions qu'elle avait reçues, fut bientôt enveloppée par des forces supérieures et faite prisonnière de guerre. Le gouvernement an-

Ainsi furent détruites par la destinée toutes les espérances que Hoche avait conçues d'une expédition préparée avec tant de soin et à si grands frais. Il en conçut la plus amère douleur ; mais bientôt il obtint du Directoire un commandement sur le Rhin, à la hauteur de son ambition et de son génie, et fut nommé, en janvier 1797, général en chef de l'armée de Sambre-et-Meuse.

glais, ayant appris de quels indignes éléments elle était composée pensa qu'il rendrait service à la France en la retenant sur ses pontons : il la fit donc rembarquer et la rendit tout entière à la France d'où elle avait été vomie sur la côte britannique.

VII

*Hoche général en chef de l'armée de Sambre-et-Meuse.
Campagne de 1797 sur le Rhin.*

Sambre-et-Meuse ! nom glorieux et cher aux cœurs français ! que de souvenirs il rappelle ! combien d'exploits fameux, combien de victoires !! Wattignies, Wissembourg, Fleurus ! la Belgique conquise, le Rhin soumis, le Danube menacé ! L'armée de Sambre-et-Meuse, dans laquelle l'armée de la Moselle avait été fondue, avait fait toutes ces grandes choses : elle était composée d'hommes héroïques, endurcis aux fatigues, aguerris à tous les périls, en état de défier l'Europe. L'enthousiasme ne s'était pas éteint dans leurs cœurs, l'amour désintéressé de la liberté enflammait encore l'âme des soldats et de leurs chefs, et ces chefs étaient Le Fèvre, Grenier, Richepanse, Ney, Championnet, et beaucoup d'autres, prédestinés comme ceux-ci à une glorieuse renommée. Cette armée avait été conduite l'année précédente (1796) par Jourdan au cœur de l'Allemagne jusqu'aux frontières de la Bohême; puis elle avait été refoulée en arrière, avec celle de Moreau, par les habiles manœuvres de l'archiduc Charles, et, après avoir perdu deux batailles, elle s'était repliée sur le Rhin. Jourdan, à qui ses revers n'enlevaient rien de sa gloire, mais pour qui l'heure du repos était venue, avait demandé sa retraite et avait été remplacé par Beurnonville : c'est à celui-ci que Hoche fut donné pour successeur.

L'armée de Sambre-et-Meuse occupait alors, sur le Rhin, les positions avancées de Dusseldorf et de Neuwied et s'appuyait à droite sur l'armée du Rhin commandée par Moreau, tandis que Bonaparte ayant en face Alvinzi, se préparait à détruire, à Rivoli, la dernière armée qu'eût l'Autriche en Italie. Telle était, en janvier 1797, la situation des armées françaises à la veille de tenter un effort décisif pour dicter la paix à l'Autriche.

Le nom de Hoche, du brillant vainqueur de Wissembourg, avait été reçu par l'armée de Sambre-et-Meuse comme le présage de nouvelles victoires, et elle accueillit avec transport son nouveau général. Un grand changement s'était opéré en lui depuis trois années. Il avait encore le même dévouement à la révolution et à la République, et son cœur de flamme brûlait toujours pour la gloire et pour la patrie : mais mûri avant l'âge par l'habitude du commandement, à la fougue impétueuse, à la brillante parole du général de l'ancienne armée de la Moselle avait succédé une dignité froide et un langage laconique : il avait senti le besoin d'imposer davantage le respect à des chefs plus anciens que lui et déjà illustres, devenus ses subordonnés, avec lesquels il se montrait digne, froid, réservé, et ne s'épanchait plus que dans l'intimité.

Une disposition nouvelle et dangereuse, trop habituelle aux chefs militaires, le mépris de l'autorité civile et de la bourgeoisie, trouvait momentanément accès dans son cœur; d'autre part, pour établir en France un gouvernement libre et stable, il avait peu de confiance dans l'intervention de la multitude par le suffrage universel [1] : en perdant beaucoup d'illusions il sentait aussi parfois s'affaiblir son respect pour le régime légal, et les faits qu'il avait alors sous les yeux étaient peu propres à lui inspirer d'autres pensées. Son armée manquait du nécessaire dans un pays conquis où des commissaires nommés par les conseils législatifs se gorgeaient de la substance des populations administrées par eux. Hoche obtint que le Directoire se mît au-dessus de la loi pour destituer, sans le secours des deux conseils, ces commissaires prévaricateurs. Il prit en main de sa

---

[1] « Le peuple qui souffre, écrivait-il au Directoire, est toujours désireux d'un mieux quelconque, et il croit le trouver en changeant sans cesse. » Voyez à la fin du volume les notes E et F.

propre autorité, la direction suprême sur tout le territoire occupé par son armée, et il en rendit l'administration directe à ceux qui l'avaient avant la conquête, aux baillis et même aux chapitres diocésains : Hoche institua, pour les surveiller, une commission supérieure composée d'hommes d'une grande probité, qu'il déclara inamovibles et il afferma les impôts dont elle était chargée d'assurer le recouvrement. Les services publics furent dès lors assurés : le soldat fut nourri, habillé, chaussé aux dépens des provinces conquises. Hoche remonta sa cavalerie et son artillerie : il offrit même des vivres à son collègue Moreau dont l'armée en manquait et il mit la sienne en état de remporter de nouvelles victoires.

Renforcée par trente mille hommes de l'armée de l'Océan, elle présentait un effectif magnifique de quatre-vingt mille soldats. Hoche divisa son infanterie en trois corps : il confia la droite à Le Fèvre, la gauche à Championnet, le centre à Grenier. Il rassembla sa cavalerie en grandes masses groupées selon les armes. Il mit à l'aile droite les chasseurs sous Richepanse : Klein commanda les dragons à l'aile gauche; Ney les hussards au centre, et d'Hautpoul la grosse cavalerie formant la réserve.

Hoche voulait franchir le fleuve à la fin de mars en combinant ses mouvements avec ceux de l'armée du Rhin commandée à sa droite par Moreau. Cette armée n'était pas prête encore. Moreau, fidèle à ses habitudes, ne voulait agir que lorsque ses troupes seraient parfaitement approvisionnées et pourvues de tout le matériel de guerre indispensable en campagne. Elles ne l'étaient pas et manquaient aussi de bateaux pour passer le Rhin. Hoche, impatient et brûlant de combattre, envoya à Moreau un équipage de pont, et le fit avertir que, le 17 avril, il opérerait le passage du fleuve, avec ou sans son concours, et qu'il attaquerait les Autrichiens.

Ceux-ci, sous les ordres des feld-maréchaux Warneck et Kray, avaient accumulé de formidables moyens de défense entre Mayence et Dusseldorf : la tête du pont devant Neuwied était hérissée de batteries et d'obstacles : dans les environs, toutes les maisons étaient crénelées et de distance en distance, des redoutes armées de pièces de gros calibre défendaient la position que Hoche se disposait à enlever.

Le 17 avril, Championnet reçoit l'ordre de sortir de Dusseldorf, de passer la Sieg et de prendre à revers les Autrichiens. Il obéit : Warneck instruit de ses manœuvres, concentre ses forces à Dierdorf, pour l'écraser; mais il affaiblit ainsi, en face de Hoche, le corps du maréchal de Kray, qui défendait Neuwied. Le gros des forces françaises, dans la nuit du 17 au 18, se masse à Andernach, et avant le jour, l'armée franchit le fleuve à Neuwied et se forme dans la plaine. Sur le point d'être attaqué, Kray parlemente et demande une amnistie. Hoche exige que la célèbre forteresse d'Ehrenbreitstein lui soit rendue, et que l'armée autrichienne se retire derrière la Lahn, conditions qu'une armée vaincue pouvait seule accepter. Kray les rejette, ordonne le feu et couvre la plaine de boulets et d'obus. L'armée française s'ébranle alors ; rien ne résiste à son choc : les lignes de l'ennemi sont forcées, sa cavalerie culbutée, ses formidables redoutes sont tournées et enlevées à la baïonnette, Hoche poursuit vivement les Autrichiens jusque dans les montagnes : puis il marche sur Dierdorf pour porter secours à Championnet : celui-ci avait passé la Sieg la nuit précédente et enlevé les hauteurs d'Ukerath et d'Altenkirchen. Hoche rencontre sur son chemin, près Dierdof, un corps autrichien de réserve d'environ huit mille hommes : il l'attaque et le met en fuite, tandis que, sur la droite, Le Fèvre enfonçait aussi l'ennemi et le poursuivait l'épée dans les reins jusqu'à Montabauer.

Telle fut la journée du 18 avril (29 germinal), dans laquelle les Autrichiens, forcés dans leurs retranchements, furent refoulés au delà de la Lahn et sur le Mein, après avoir perdu huit mille hommes, sept drapeaux, vingt-sept bouches à feu et soixante canons. Les Français prirent aussitôt position à Dierdof, Altenkirchen et Montabauer.

La victoire n'était pour Hoche qu'un stimulant, elle l'excitait à courir à de nouveaux triomphes : vainqueur à Neuwied à la tête d'une armée de 86,000 hommes, il se sentait de force à repousser les Autrichiens jusqu'au Danube. Déjà, refoulant Werneck devant lui, il lui avait livré plusieurs glorieux combats et prenait les dispositions nécessaires pour lui couper la retraite et le séparer de l'Autriche. Son avant-garde, commandée par Le Fèvre, marchait rapidement sur Francfort ; elle avait franchi la Nidda et se préparait à attaquer la place et à charger l'ennemi quand un courrier arriva, porteur des préliminaires de paix signés par Bonaparte à Leoben.

Hoche suspendit sur-le-champ sa marche victorieuse, renonçant à la gloire presque assurée de contraindre une armée autrichienne à déposer les armes : il ne laissa percer que la satisfaction de voir arrêtée l'effusion du sang, et il écrivit au Directoire pour la lui témoigner : « Après avoir fait, dit-il, trente-cinq lieues en quatre jours et triomphé dans trois batailles et cinq combats, l'armée de

Sambre-et-Meuse a accueilli la nouvelle de la paix avec la plus vive émotion. »

Hoche adressa en même temps à sa femme ces simples lignes, pure expression d'un cœur affectueux et dans lesquelles, avec le héros, se rencontre l'époux et le père : « La paix est faite, ma bonne amie ; ton mari vainqueur se porte bien et t'embrasse : prends bien soin de notre petit enfant[1]. »

Les hostilités étant suspendues entre la France et l'Autriche. Hoche reporta sur l'Irlande son ardente pensée : c'est là qu'il veut atteindre et frapper le gouvernement anglais dans lequel il voit toujours le plus redoutable ennemi de la France. D'accord avec l'amiral Truguet, il prend toutes les dispositions nécessaires pour créer un nouvel armement plus formidable encore que le précédent. Les travaux du port de Brest sont activés, les vieux vaisseaux sont réparés, de nouveaux sont construits. Hoche, quoique à distance, remplit toutes les âmes du feu de la sienne :

---

1. Lettre communiquée.

il envoie au ministre de la marine les épargnes qu'il a pu faire sur les contributions des pays conquis; puis il court en Hollande pour s'entendre avec le gouvernement de la république batave, alors alliée de la république française, et se concerte avec les principaux officiers de terre et de mer pour une descente simultanée des troupes françaises et hollandaises sur les côtes d'Irlande. De retour dans son cantonnement du Rhin, Hoche dirige sur Brest un nombreux détachement de l'armée de Sambre-et-Meuse et se rend enfin à Paris pour hâter les préparatifs de l'expédition nouvelle, et aussi, il faut le dire, pour seconder la conspiration de la majorité du Directoire contre les conseils législatifs et préparer avec eux le coup d'État du 18 fructidor.

VIII

Coup d'état de fructidor. — Maladie et mort du général Hoche.

Il était impossible qu'un régime aussi affreux que celui de *la Terreur* ne provoquât point une violente réaction d'une longue durée, et que les hommes qui l'avaient établi ne fussent bientôt en butte à la haine publique et à l'horreur générale. Cette réaction, commencée le 9 thermidor 1794, continua durant les années suivantes avec une violence toujours croissante, entretenue par une cause dont les historiens n'ont pas tenu suffisamment compte. Le régime de la Terreur était tombé, mais la plupart de ceux qui l'avaient intronisé ne tombèrent pas avec lui : quelques scélérats avaient péri, mais le plus grand nombre des conventionnels qui les avaient soutenus de leurs votes restèrent debout et maîtres de la situation. La Convention survécut une année à Robespierre, et lorsque enfin elle se retira de la scène, elle réussit à vivre de nouveau sous d'autres noms. Elle dit et parvint à faire croire à une foule de républicains ardents et honnêtes, au général Hoche entre autres, que la Révolution était incarnée dans les conventionnels, et elle fit violence à l'opinion publique en déclarant, par les décrets de fructidor an III, que les deux tiers de ses membres feraient partie des nouveaux conseils législatifs dont ils formeraient ainsi la majorité [1].

Après la promulgation de ces décrets et la journée du 13 vendémiaire [2], où la Convention mitrailla la bourgeoisie parisienne qui les avait rejetés et qui protestait contre eux à force ouverte, les deux conseils législatifs, celui des

---

1. Voyez mon *Histoire de France*, 12ᵉ édition, t. II, p. 323 à 324.
2. *Ibid.*

Anciens et celui des *Cinq-Cents*, formés pour les deux tiers d'anciens conventionnels, cherchèrent une garantie contre la réaction en choisissant les cinq membres du Directoire chargé du pouvoir exécutif parmi les hommes les plus compromis aux yeux des royalistes, parmi les régicides [1].

L'opposition, vaincue en vendémiaire, attendit son succès des élections nouvelles [2] et de la marche légale des événements : elle dominait dans le corps électoral, mieux composé alors qu'il ne l'a été peut-être à aucune époque de notre histoire. Les élections étaient à deux degrés, et les électeurs unissaient à l'autorité du nombre l'autorité non moins nécessaire de la capacité présumée. Leurs choix furent, en l'an IV, comme l'année précédente, l'expression fidèle de l'opinion dominante, celle de l'esprit de réaction contre les terroristes et les montagnards, et du parti constitutionnel et modéré, ami des principes

---

[1]. On nommait ainsi ceux dont les votes avaient envoyé Louis XVI à l'échafaud.

[2]. Les conseils se renouvelaient par tiers tous les ans.

de 1789 et qui voyait avec effroi le pouvoir exécutif toujours entre les mains des conventionnels et des révolutionnaires [1].

Les deux conseils législatifs, après l'élection du second tiers de leurs membres, furent donc composés, en grande majorité, d'hommes qui, sans vouloir une contre-révolution, voulaient cependant, avec la paix, l'abolition des lois révolutionnaires encore en vigueur [2], une liberté réelle et l'épuration successive et légale d'un Directoire héritier de la Convention [3].

Les noms de quelques ardents royalistes étaient sortis, il est vrai, des dernières élections. Ceux-ci, fidèles à la tactique constante des minorités, faisaient cause commune dans l'opposition avec la majorité constitutionnelle et modérée, et cherchaient, par toutes sortes de moyens, à faire du bruit et à grossir leur

1. De Barante, *Histoire du Directoire*, t. III.
2. Ces lois fermaient les églises et proscrivaient les prêtres, elles décrétaient la peine de mort et la confiscation contre les émigrés, et beaucoup d'autres mesures draconiennes.
3. Voyez de Barante, *Histoire du Directoire*, t. III, et mon *Histoire de France*, t. II, p. 346-347.

importance. Ils n'étaient en cela que trop bien secondés par trois directeurs, Barras, Rewbel et La Reveillère-Lepeaux [1], et par leurs amis montagnards qui disaient hautement et publiaient dans leurs journaux, que l'opposition tout entière était monarchique, que le pouvoir allait passer aux royalistes, qu'on allait voir reparaître les Bourbons et les aristocrates, et que c'en était fait de la Révolution [2].

Ces bruits menaçants, grossis par la peur, étaient crus, surtout à distance, par beaucoup d'honnêtes gens sincèrement dévoués à la Révolution, enthousiastes pour la liberté qu'ils voyaient presque exclusivement dans l'égalité civile, dans le maintien du régime républicain et dans l'indépendance natio-

---

[1]. Ces trois directeurs formaient la majorité au sein du Directoire, où ils eurent pour opposants Carnot et Barthélemy : ce dernier avait été récemment élu par le parti modéré à la place de Letourneur.

[2]. Dans son impartiale *Histoire du Directoire*, M. de Barante a présenté sous son véritable jour cette époque qui a été obscurcie par des historiens appartenant aux partis extrêmes les plus opposés.

nale. Le général Hoche, nous l'avons dit, était de ce nombre. Parvenu rapidement, par son mérite, des derniers échelons jusqu'aux premiers, il avait toujours devant les yeux l'ancien ordre de choses où il risquait de végéter dans un rang obscur, les liens qui eussent arrêté son essor et tous les obstacles qu'il eût rencontrés dans une société constituée comme elle l'était sous le régime détruit.

Semblable en cela à la plupart des hommes qui n'ont dû leur élévation qu'à eux-mêmes, il n'aimait pas, en principe, et tenait pour suspects les privilégiés, quels qu'ils fussent, rois ou gentilshommes [1] : il voyait, dans les premiers, des tyrans, dans les seconds leurs soutiens naturels ou leurs complices, dans les priviléges qui les avaient faits ce qu'ils

---

[1]. Dans la pratique de la vie, cette disposition fit souvent place en lui à une affection très-réelle pour des hommes appartenant à la classe des anciens privilégiés, surtout pour ceux qui servaient sous ses ordres, et nous avons vu aussi qu'il garda constamment une amitié reconnaissante au général comte Le Veneur dont il avait été l'aide de camp. Il eut même le bonheur, dans les derniers temps de sa vie, de rendre un service considérable à son ancien général et à son ami.

étaient le plus grand obstacle à la liberté, et dans l'abolition de ces priviléges la liberté même. Hoche confondait ainsi l'égalité avec la liberté : il ne s'était pas suffisamment rendu compte des véritables conditions d'existence de la liberté politique, seule garantie de toutes les autres : il paraissait ignorer que la représentation d'un peuple ne saurait être vraiment nationale qu'autant qu'elle est l'expression libre et vraie de la volonté publique : il oubliait enfin que la liberté ne subsiste qu'autant que la loi règne, et que la loi n'est souveraine que si le législateur est inviolable.

Hoche considérait le sort de la République comme lié à la politique du Directoire qui tendait à révolutionner l'Europe et à maintenir les lois révolutionnaires qui proscrivaient les émigrés et qui armaient le gouvernement de pouvoirs extraordinaires : à ses yeux, les vrais patriotes, les seuls défenseurs de la Révolution et de la liberté, étaient les trois directeurs et leurs partisans qui voulaient conserver à tout prix ces lois exceptionnelles ; tandis que ceux qui désiraient les abroger et y substituer un régime légal et modéré étaient pour lui des royalistes, des adversaires de la liberté, des ennemis à écraser[1].

Hoche vint à Paris, il fit part au gouvernement de ses appréhensions touchant les progrès du royalisme au sein des conseils législatifs, et dit qu'il était indispensable d'en triompher au besoin par la force. Il se concerta particulièrement avec Barras et s'offrit avec son armée pour seconder toute entreprise violente des directeurs contre la majorité électorale et la puissance législative. Il dirigea, de concert avec lui, deux de ses divisions commandées par Richepanse, sur Brest, sous prétexte de les faire concourir à une nouvelle expédition d'Irlande : il les fit passer à peu de distance de Paris et les cantonna à La Ferté-Alais, en deçà des limites fixées par la constitution aux troupes qui ne seraient point appelées dans la capitale par l'autorité

---

1. Voyez aux pièces justificatives la note F.

législative même[1]. L'arrivée de ces troupes aux environs de Paris, et à une distance prohibée, coïncida avec un remaniement ministériel dans lequel Hoche fut désigné comme ministre de la guerre.

Le conseil des *Cinq-Cents* s'en émut : il se crut en péril, et déclara la constitution violée, si les troupes ne rétrogradaient jusqu'aux limites qu'elle avait fixées. Il s'éleva en même temps contre la promotion projetée de Hoche au ministère de la guerre, alléguant qu'il n'avait point l'âge légal pour les fonctions ministérielles, et il exigea que le Directoire rendît compte de sa conduite.

Sur les cinq directeurs, trois seulement voulaient un coup d'État contre les conseils ; les deux autres, Carnot et Barthélemy, s'y montraient contraires et persistaient à vouloir demeurer dans la légalité. Carnot avait alors la présidence du conseil directorial : il somma

---

[1]. En vertu de la constitution, il était interdit aux troupes de s'approcher, dans un rayon de douze lieues, de l'endroit où siégeaient les conseils législatifs, si elles n'étaient appelées par une loi.

le général Hoche de justifier, devant les directeurs réunis, son absence de son armée, sa présence à Paris et les ordres donnés aux troupes qui avaient franchi la limite constitutionnelle. Hoche allégua son ignorance : il dit que le général Richepanse avait reçu l'ordre de conduire sa division à Brest, et qu'il ignorait sans doute aussi que La Ferté-Alais fût dans le rayon prohibé. Il avait compté sur Barras pour le défendre, et Barras garda le silence. La Reveillère intervint et fit cesser cet interrogatoire sévère et périlleux. Hoche n'étant pas soutenu par le gouvernement, voyant en outre le Directoire incertain et le coup d'État ajourné, fit rétrograder ses divisions jusqu'en Alsace, quitta Paris et revint dans son quartier général, à Wetzlar.

Mais l'alarme avait été jetée dans la majorité législative qui redoutait avec raison un coup d'État, et les adversaires de Hoche eurent recours à tous les moyens, même aux plus odieux, pour ruiner son crédit et détruire sa popularité. Le général Willot, son ennemi personnel, le dénonça ouvertement dans le conseil des Cinq-Cents comme aspirant au rôle de Marius ; un autre membre, Dufresne Saint-Léon, l'accusa de n'avoir versé dans le Trésor public qu'une faible partie des sommes prélevées sur les territoires que son armée occupait, par la commission financière qu'il avait arbitrairement instituée, et il fit entendre que Hoche avait sans doute gardé le reste pour lui et pour son état-major. Hoche, il est vrai, n'avait versé qu'une partie de ces sommes dans les caisses de l'État ; il en avait réservé une autre partie pour les besoins éventuels du Gouvernement, et, avec le reste, il avait nourri et entretenu ses soldats, préférant user de ces ressources plutôt que de recourir aux avides fournisseurs et spéculateurs qu'il avait chassés de son armée.

L'illustre général Jourdan, membre des Cinq-Cents, ne put entendre de sang-froid l'accusation calomnieuse dirigée contre celui qu'il considérait comme l'honneur des armées françaises, et, bien qu'appartenant lui-même à la majorité menacée, il se leva indigné et dit : « Souvent les armées auraient péri de misère si les généraux en chef n'avaient usé des contributions faites en pays conquis. J'ai commandé cent cinquante mille hommes, et j'ai la preuve que le gouvernement payait à des fripons cent cinquante mille rations par jour, et que l'armée n'en recevait que dix mille. Il fallait donc que les généraux s'occupassent de faire vivre le reste de l'armée. Il n'est au pouvoir de personne de me faire croire que le général Hoche ait commis un autre crime, et les coupables de son espèce ont droit aux remerciements de la patrie reconnaissante. »

Cet éclatant témoignage, donné de si haut à son intégrité, rendit pour Hoche moins amère une calomnie contre laquelle il protesta soudain en demandant un jugement public. Mais les reproches injustes auxquels il s'était vu en butte dans le sein des conseils législatifs dont il avait excité les alarmes, l'irritèrent profondément. Il crut que la majorité avait résolu sa perte pour être plus libre d'accomplir ses projets contre-révolutionnaires : il voulut rendre à ses adversaires menace pour menace et, ayant réuni ses généraux dans un banquet patriotique pour fêter l'anniversaire du 10 août, dernier jour de la monarchie, il but à la République, et dit : « Amis, la paix va être signée : mais, je ne dois pas vous le dissimuler, vous ne pouvez vous dessaisir encore de ces armes terribles par lesquelles vous avez tant de fois fixé la victoire. Avant de le faire, peut-être aurons-nous à assurer la tranquillité intérieure que des rebelles aux lois de la République essaient de troubler. »

Hoche n'alla pas plus avant dans cette voie : déjà la mort était dans son sein, cette mort prématurée qui met les belles actions des gens de bien en sûreté et à couvert des revers de la fortune [1]. Il avait senti à Brest, l'année précédente, les premières atteintes d'un mal inconnu qui redoubla d'intensité à Wetzlar : il tomba bientôt gravement malade, et le bruit se répandit qu'on l'avait empoisonné. Il était, aux yeux des royalistes, le plus résolu et le plus vaillant champion du

1. Plutarque, *Pélopidas*.

gouvernement républicain : comme tel, il était en butte à de criminelles attaques et il avait précédemment échappé, comme par miracle, à un assassin soudoyé par ses ennemis [1] : on savait sa vie très-menacée, et dans chaque nouvelle crise d'un mal qui semblait inexplicable, on croyait voir les indices d'un attentat contre sa personne.

Déchiré par une toux sèche, brûlé d'un feu intérieur et dévorant, il était en proie à une irritation nerveuse et tombait dans des spasmes dont il sortait épuisé. Il languissait dans cet état si douloureux lorsqu'il apprit l'acte violent du 18 fructidor exécuté contre les conseils législatifs par les trois directeurs, Barras, La Reveillère-Lepeaux et Rewbell. Cette nouvelle impatiemment attendue et dont il ne prévit point les suites, lui causa la joie la plus vive et lui rendit des forces. Le Directoire cependant avait eu recours à d'odieux

---

[1]. Revenant un soir du spectacle à Rennes, comme il rentrait dans son hôtel, un coup de feu fut tiré sur lui presque à bout portant et ne l'atteignit pas. On saisit l'assassin qui avoua son crime et désigna pour son complice un ancien chef de chouans. Hoche sollicita inutilement leur grâce, ils périrent sur l'échafaud.

moyens pour réussir dans son entreprise [1] et s'était condamné à une longue série d'actes tyranniques, sans pouvoir s'arrêter jamais dans la légalité, jusqu'au jour peu éloigné où, à son tour, il tomba, victime méprisée du coup d'État de brumaire [2]. Hoche ne pressentit point cela, et salua avec enthousiasme la liberté qu'il croyait sauvée par la journée de fructidor, tandis qu'elle était irrévocablement perdue.

Peu de jours après, le Directoire destitua le général Moreau, qui avait perdu sa confiance, et donna son armée au général Hoche, qui réunit ainsi le commandement des deux armées de Sambre-et-Meuse et du Rhin. Mais

1. Les principaux moyens auxquels les trois directeurs eurent recours pour prolonger leur autorité furent : la déportation à Cayenne de leurs deux collègues, Carnot et Barthélemy, de cinquante-neuf membres des deux conseils législatifs et de quarante journalistes, la suspension de la liberté de la presse, et la remise en vigueur des mesures révolutionnaires contre les émigrés et les prêtres.

2. Ce jour là, 19 brumaire an VIII (10 novembre 1799), le général Bonaparte, récemment revenu d'Égypte, expulsa le conseil des Cinq-Cents à Saint-Cloud, mit en arrestation trois directeurs et cassa la Constitution de l'an III. Il se fit élire ensuite premier consul. Voyez mon *Histoire de France*, T. II, p. 365, 366.

ses forces l'abandonnèrent de nouveau : en proie au feu qui le dévorait, il se disait revêtu, comme Hercule, de la robe empoisonnée du Centaure. Son médecin, Poussielgue, lui ordonnait un repos nécessaire : mais, pour cette nature ardente, dont l'action était l'élément naturel, le repos était une fatigue plus qu'un soulagement. Il parut cependant s'y résigner et se rendit à la foire de Francfort pour se distraire : il y fit connaissance avec un empirique fameux qui promit de le guérir sans le condamner au repos : Hoche prit en secret ses remèdes, et son état fut bientôt désespéré. Il lut son arrêt dans les yeux de Poussielgué, se vit mourir et accepta doucement son sort.

Il voulut revoir une dernière fois ses amis, ses compagnons d'armes, et les reçut d'un air serein, tandis qu'au pied de son lit sa jeune femme étouffait ses sanglots. Il s'entretint une heure avec eux, les remerciant de leur affection, et s'efforçant même de sourire. Il parla aussi des affaires publiques et revint sur le coup d'État de fructidor qu'il jugeait toujours indispensable. Toutefois, mieux éclairé au moment suprême, il reconnut qu'il était heureux qu'aucun des généraux commandant en chef les armées de la République n'eût participé de sa personne à cet acte de violence, et qu'Augereau, en l'exécutant, par l'ordre des trois directeurs, eût paru obéir aux pouvoirs civils : une république, dit-il, devant toujours être servie et non protégée par l'épée.

Ce dernier effort l'avait épuisé ; il congédia ses lieutenants, et vers le soir il s'endormit. Après quelques heures de repos, il s'éveilla en suffoquant. Il ne parlait plus : il eut une crise terrible et, le 19 septembre 1797, il expira doucement entre les bras de sa femme et du général Debelle, son beau-frère [1].

Hoche avait à peine atteint vingt-neuf ans et sa renommée comme celle de son jeune et brillant rival, le vainqueur d'Arcole et de Rivoli, remplissait l'Europe. Qui pourrait dire la dé-

---

[1]. On ouvrit son corps et l'on trouva, dans l'estomac, quelques taches où l'on crut reconnaître des indices de poison, suffisants peut-être pour légitimer des soupçons, mais trop faibles pour les confirmer.

solation de ses compagnons d'armes, le désespoir de ses soldats ! L'armée entière fit à son chef de magnifiques et touchantes funérailles. On décida qu'il serait enseveli à Pétersberg dans le camp retranché de Coblentz, à côté d'un jeune héros enlevé comme lui à la fleur de son âge, au milieu d'une glorieuse carrière et qui laissait un grand nom, le général Marceau.

Le convoi funèbre quitta Wetzlar le 21 septembre et se dirigea vers Coblentz. Les aides de camp de Hoche, les généraux et tout l'état-major escortèrent le char, devant lequel étaient portés les étendards et les drapeaux en deuil. Le cortége s'avança ainsi au son lugubre des tambours voilés et au glas funèbre des cloches mises en branle par les habitants des villes et des bourgs qu'il traversait. Les paysans des environs accoururent en foule et firent cortége aussi au général dont ils avaient reçu des témoignages de commisération et qui avait allégé pour eux les charges de la guerre.

Le corps fut reçu avec honneur à Braunfels

par le prince souverain, qui l'attendait sur la place publique à la tête de toute sa maison. Lorsqu'il passa au pied des remparts fameux de la citadelle d'Ehrenbreitstein gardée par les Autrichiens, il fut salué par toutes les batteries de la place et par le feu de la garnison rangée en bataille sur les glacis. Le gouverneur sortit des portes pour le recevoir et conduisit le corps jusqu'aux bords du Rhin, entre une double haie formée par les soldats de France et d'Autriche. Le convoi traversa ensuite Coblentz, puis se dirigea vers les hauteurs de Pétersberg où une partie de l'armée était sous les armes pour le recevoir. Là un simple monument, qu'un grand poëte a célébré dans des vers immortels, renfermait les restes de Marceau [1]. Cette tombe modeste

---

[1] Ce que lord Byron a dit de Marceau peut à beaucoup d'égards être appliqué à Hoche à qui le poëte a également rendu hommage.
« Près de Coblentz, sur une riante colline est une pyramide simple et modeste couronnant le sommet d'un monticule verdoyant : sous sa base repose un héros..... Rapide et triomphant fut son jeune essor. Tous l'ont pleuré, amis et ennemis, et l'étranger, qui s'arrête ici pour méditer, peut à bon droit prier pour le repos de son esprit généreux, car il fut le meilleur champion de la liberté. Il fut de ceux, trop peu nombreux, hélas, qui n'ont

pour laquelle Hoche avait souscrit de ses deniers quelques jours avant sa mort, réunit les deux héros. Le corps de Hoche y fut descendu après avoir reçu les adieux de ses compagnons : Le Fèvre, Championnet, Grenier rendirent hommage à leur général dans un langage militaire, simple et vrai : après eux un grenadier s'avança, présenta l'arme devant le cercueil, y déposa une couronne de chêne, disant : « Hoche, au nom de l'armée, reçois cette couronne ; » et il pleura. Ses larmes exprimaient mieux qu'aucune parole les sentiments de tous.

Hoche n'était plus, mais il vivait dans le cœur de ses soldats et de ses concitoyens : toute la France se sentit frappée en lui, et la douleur publique se fit jour au milieu des honneurs funèbres que le gouvernement rendit en grande pompe à sa mémoire, le 1er octobre suivant, à Paris. Tous les corps de l'État, le peuple et l'armée furent conviés par

---

point franchi les justes bornes qu'elle assigne aux guerriers qu'elle arme de son glaive. Son âme demeura sans tache; c'est pourquoi les hommes ont pleuré sur lui. » (Lord Byron, *Child-Harold*, chant III, LVI, LVII.)

le Directoire au Champ de Mars pour cette fête funèbre dans laquelle l'illustre Daunou prononça l'oraison funèbre du héros, et fut l'éloquent interprète des douleurs de la patrie.

Telle fut la brillante et trop courte carrière de Lazare Hoche, qui excita l'admiration de tous, même de ses ennemis, et qui obtint la gloire la plus enviable à l'âge où les plus illustres commencent à peine à attirer sur eux l'attention. Il eut à un degré éminent ce caractère particulier aux grands hommes de paraître toujours supérieurs à leur situation : plus il montait plus il semblait grand, et l'on est d'accord pour reconnaître que sa fortune, s'il eût vécu, n'aurait eu d'autre limite que celle que le devoir lui eût tracée et qu'il se fût marquée à lui-même. Sa vie entière porte le cachet de la vraie grandeur : en la contemplant, l'âme s'élève et se sent portée à l'oubli de soi, au dévouement, aux grandes actions. Ses traits les plus saillants furent la loyauté, la magnanimité, l'ardent patriotisme, le culte de l'honneur, et une activité dévorante pour laquelle le repos était une intolérable souffrance. A ces grands traits il faut joindre le désintéressement d'une ambition qui n'eut jamais pour but que l'avantage de son pays, une bonté compatissante aux maux des malheureux, une intégrité qui ne comprenait pas qu'il fût possible de n'en pas avoir. « Tu me recommandes, écrivait-il à sa jeune femme, de songer à la fortune de notre enfant : je lui laisserai un nom sans tache : c'est tout ce que je lui dois [1]. »

Jamais général ne posséda mieux le cœur de son armée : « Aime, disait-il souvent, si tu veux être aimé : » c'est ainsi, c'est en aimant ses soldats qu'il en était devenu l'idole. Son bien était le leur, et sa générosité n'avait point de bornes : « Tu aurais dans ta bourse 200,000 francs de plus, lui dit un de ses proches, si tu ne donnais au tiers et au quart tout ce que tu possèdes. — J'aurais un million de moins, répondit Hoche, dans celle de mes amis, si j'en avais besoin. » Pour rencontrer à cet égard, parmi les héros de l'histoire, un

[1]. Lettre communiquée par sa famille.

capitaine digne de lui être comparé, il faut remonter à du Guesclin dont j'ai raconté la vie avant la sienne, et avec qui Hoche eut de nombreux traits de ressemblance : on admire en eux même générosité, même héroïsme, même commisération pour les misérables, égale horreur des fripons et des sangsues du pauvre peuple. Ils eurent l'un et l'autre, devant l'ennemi, la parfaite possession d'eux-mêmes, le coup d'œil rapide et l'inspiration soudaine ; ils firent voir un mélange égal de circonspection pour préparer, de fougue pour accomplir, et, méprisant la routine, ils firent avancer l'art militaire et montrèrent l'instinct des grandes innovations, mères de la tactique et de la stratégie modernes. Tous deux enfin eurent la bonne fortune de vaincre chaque fois qu'ils commandèrent en chef et l'amer regret de mourir dans leur lit, après avoir passé leur vie au milieu des périls, et sur les champs de bataille.

Hoche eut sur Bertrand du Guesclin le grand avantage de naître à une époque de civilisation plus avancée, et comprit la supériorité que donne la culture des lettres et les jouissances qu'elle procure. Bertrand ne savait pas lire et ne s'en mit jamais en peine : Hoche, au contraire, regretta toujours de n'avoir reçu dans son enfance qu'une instruction trop insuffisante, et il fit tout ce qui était en son pouvoir pour en combler les lacunes. Il lisait, il étudiait dans les camps : les auteurs anciens et surtout les historiens de la Grèce et de Rome eurent pour lui un puissant attrait : il trouvait dans leurs écrits une séve de vertu républicaine dont son âme intègre et fière se nourrissait avec délices, et il se sentait puissamment attiré par ces figures héroïques, par ces grands chefs qui, en déposant leur glorieuse épée, s'honoraient de conduire la charrue. Il gagna beaucoup au commerce de l'antiquité : on s'en aperçoit surtout au style de ses proclamations et de ses ordres du jour dégagés peu à peu de ce ton déclamatoire fort en usage alors dans le langage officiel, pour atteindre, dans des formes pures et sévères, à une éloquente précision. Hoche arriva au goût par l'application d'un esprit délicat et d'un rare bon sens à l'étude des grands modèles, et après avoir, dans sa première jeunesse, beaucoup lu sans règle et sans choix, il apprit à distinguer, à choisir et à donner d'excellents conseils à sa jeune femme pour la guider dans ses lectures : il cherchait à former son goût en éclairant son esprit, et dans un temps où l'enthousiasme pour Rousseau était à son apogée, Hoche ne donna point une médiocre preuve de bon sens en se préservant de la contagion générale : il sut découvrir l'exagération, le paradoxe, le mensonge même à travers la magie d'un style trop séduisant, et il prit soin de prémunir sa femme contre les périls de cette lecture. Plusieurs lettres de lui sont remplies de détails délicats et charmants ; toutes respirent la fierté d'une âme droite, forte, indépendante, et l'on voit dans quelques-unes l'extrême importance qu'il attachait, pour l'éducation des femmes comme pour celle des hommes, à tout ce qui tend à développer de bonne heure dans les caractères la vigueur, l'énergie et la sincérité[1]. Tout

1. Voyez aux pièces justificatives la note G.

en lui tendait au même but : les paroles, les écrits et les actes. Son caractère offre au regard attentif, un type harmonieux et grand dans chaque partie comme dans l'ensemble.

On y trouve aussi quelques ombres : Hoche eut toujours beaucoup de peine à faire violence à sa nature ardente, impétueuse, ennemie de toute contrainte : impressionnable autant que passionné, il passait rapidement d'une résolution à une autre quelquefois opposée, comme à l'époque de l'expédition d'Irlande qu'il abandonna un jour pour l'entreprendre le lendemain. Il était sujet à des abattements d'esprit et à des défaillances temporaires; mais celles-ci provenaient tantôt d'une erreur de son jugement, tantôt d'une irritation excessive ou d'une déception douloureuse, jamais d'aucun vice : bientôt sa haute raison, son cœur ferme et loyal reprenaient l'empire et le ramenaient, dans le droit chemin, à son but véritable. Il eut quelques-uns des préjugés de son temps et de sa situation personnelle : il fit des fautes, il risqua de mettre lui-même en péril la liberté de son pays en croyant la servir : il se trompa, mais de bonne foi ; ses intentions restèrent pures. La liberté qu'il aimait d'un amour plus sincère qu'éclairé lui demeura chère, et les grands principes de 1789 lui furent toujours sacrés. Mais l'expérience lui manquait comme à tous; avec le temps, il aurait reconnu les véritables conditions d'existence de la liberté au sein d'un grand peuple : Hoche eût compris qu'elle ne peut avoir d'autres fondements que le respect des droits de tous, de l'ordre légal et de l'opinion publique sérieusement exprimée : jamais il n'eût préféré son propre avantage au bien de sa patrie, jamais non plus il n'eût élevé sa fortune sur les ruines de la liberté. Il était de la race de ceux qui revivent, pour l'honneur de l'humanité, sous la plume de Plutarque, il appartenait à la grande famille des Cimon, des Phocion, des Paul-Émile, des hommes par qui les Républiques subsistent ou qui meurent avec elles.

FIN.

NOTES

ET

PIÈCES JUSTIFICATIVES

Note A.

La Terreur à Paris, par M. de Lamartine.

Plus de huit mille suspects encombraient les prisons de Paris un mois avant la mort de Danton. En une seule nuit on y jeta trois cents familles du faubourg Saint-Germain : tous les grands noms de la France historique, militaire, parlementaire, épiscopale. On ne se donnait pas l'embarras de leur inventer un crime. Leur nom suffisait, leurs richesses les dénonçaient, leur rang les livrait. On était coupable par quartier, par rang, par fortune, par parenté, par famille, par religion, par opinion, par sentiments présumés ; ou plutôt il n'y avait plus ni innocents ni coupables, il n'y avait plus que des proscripteurs et des proscrits. Ni l'âge ni le sexe, ni la vieillesse ni l'enfance, ni les infirmités qui rendaient toute criminalité naturellement impossible ne sauvaient de l'accusation et de la condamnation. Les vieillards paralytiques suivaient leurs fils, les enfants leurs pères, les femmes leurs maris, les filles leurs mères. Celui-ci mourait pour son nom, celui-là pour sa fortune; tel pour avoir manifesté son opinion, tel pour son silence, tel pour avoir servi la royauté, tel pour avoir embrassé avec ostentation la République, tel pour n'avoir pas adoré Marat, tel pour avoir regretté les Girondins, tel pour avoir émigré, tel pour être resté dans sa demeure, tel pour avoir affamé le peuple en ne dépensant pas son revenu, tel pour avoir affiché un luxe qui insultait à la misère publique. Raisons, soupçons, prétextes contradictoires, tout était bon. Il suffisait de trouver des délateurs dans sa section, et la loi les encourageait en leur donnant une part dans les confiscations. Le peuple, à la fois dénonciateur, juge et héritier des victimes, croyait s'enrichir des biens confisqués. Quand les préxtextes de mort manquaient aux proscripteurs, ils épiaient des conspirations vraies ou simulées dans les prisons. Des espions déguisés sous l'apparence de détenus, provoquaient des confidences, des soupirs vers la liberté, des plans d'évasion entre les prisonniers, les inventaient quelquefois, puis les révélaient à l'accusateur public. Ils inscrivaient sur leurs listes de délation des centaines de noms de suspects qui apprenaient leurs crimes par leurs accusations : c'est ce qu'on appelait les *fournées* de la guillotine. Elles faisaient du vide dans les cachots... elles entretenaient la terreur, elles imposaient le silence au murmure. Chaque jour le nombre des charrettes employées à conduire les condamnés à l'échafaud augmentait. A quatre heures elles roulaient par le pont au Change et la rue Saint-Honoré, vers la place de la Révolution. On prolongeait la route pour prolonger le spectacle au peuple, le supplice aux victimes... c'était l'assassinat donné en spectacle et en jouissance à tout un peuple.

(*Histoire des Girondins*, livre LVIe.)

Note B.

Conclusions de M. Claude Desprez sur la capitulation dite de Quiberon.

« Cette capitulation dont on ne trouve la trace nulle part, dit M. Desprez, sur quel fondement re-

pose le bruit qui en est venu jusqu'à nous ? Sur des paroles que l'on prête à Sombreuil après sa conférence avec un chef républicain... Nous aimons mieux en croire Sombreuil lui-même. Deux fois il a parlé de la capitulation sur la foi de laquelle les émigrés avaient déposé les armes : la première, c'est dans la lettre qu'il écrivit à l'amiral Warren; voici en quels termes : « N'ayant plus de ressour-
» ces, j'en vins à une capitulation pour sauver ce
» qui ne pouvait échapper, et le cri général de
» l'armée m'a répondu que tout ce qui était émi-
» gré serait prisonnier de guerre et épargné comme
» les autres [1]. »

La seconde lettre est datée d'Auray et adressée à Hoche : « Toutes vos troupes, lui dit Sombreuil, se sont engagées envers le petit nombre qui me reste, et qui aurait nécessairement succombé; mais, Monsieur, la parole de ceux qui sont venus jusque dans les rangs la leur donner, doit être chose sacrée pour vous [2]. »

On le voit, dans cette seconde lettre comme dans la première, il n'est question que de cris de soldats ou tout au plus de paroles sans autorité de quelques officiers. Cependant si Sombreuil eût traité avec Hoche ou même avec Humbert, il n'eût pas

1. Savary. *Lettre de Sombreuil à l'amiral Warren.*
2. Sombreuil à Hoche, 22 juillet 1795.

manqué de le rappeler et de sommer Hoche sur l'honneur de faire respecter les promesses qu'il en avait reçues. La réponse de Hoche à cette dernière lettre de Sombreuil ne nous est point parvenue, mais il fit insérer la lettre à l'amiral Warren avec ces lignes : « Je dois à l'armée de déclarer qu'il y a erreur dans la lettre que je publie : j'étais à la tête des sept cents grenadiers qui prirent M. de Sombreuil et sa division ; aucun soldat n'a crié que les *émigrés* seraient traités comme prisonniers de guerre, ce que j'aurais démenti sur-le-champ. »

A une si nette affirmation nous n'ajouterons qu'un fait. Quelques mois plus tard, Hoche commandait dans la Vendée. Un de ses divisionnaires, le général Bonnaire, fit fusiller des ennemis qu'il avait pris au château de Saint-Mesmin. On rapporta à Hoche que c'était après leur avoir promis la vie. Hoche, sur-le-champ, le mit aux arrêts. Mieux informé, il leva la punition... « Je pense, lui écrivait-il, que vous ne trouverez pas mauvaise une sévérité exigée par l'honneur... » Et il ajoute : « Il ne pourrait arriver à un homme d'honneur de trahir ainsi la foi jurée[1]. »

Concluons donc que, si les émigrés se sont crus sous la protection d'une capitulation, c'est qu'ils ont pris pour eux le pardon promis par les soldats

---

1. *Correspondance de Hoche,* lettre du 17 mars 1766.

républicains, SEULEMENT AUX PRISONNIERS ENRÔLÉS, que c'est par suite de ce malentendu qu'ils ont livré une vie que d'ailleurs ils ne pouvaient plus défendre; mais proclamons bien haut qu'ils n'ont pas été victimes d'une perfidie.

(Claude Desprez, *Lazare Hoche*, p. 214-217.)

NOTE C.

2 thermidor an IV (20 juillet 1796). Arrêté du Directoire.

« Le Directoire, voulant donner un témoignage de son estime au général Hoche, commandant l'armée des côtes de l'Océan, pour les services qu'il a rendus à la patrie et honorer, dans sa personne, les braves défenseurs qui, sous ses ordres, ont terminé la longue et malheureuse guerre de la Vendée et des chouans, arrête :

» Il est fait présent au général Hoche, au nom de la République française, des deux plus beaux chevaux existant dans les dépôts de la guerre, avec leurs harnais; il recevra également une paire de pistolets de la manufacture d'armes de Versailles. »

» CARNOT. »

Note D.

Extrait du projet de Carnot pour l'organisation d'une chouannerie en Angleterre, et dans lequel Hoche puisa les instructions données par lui à la seconde légion des Francs.

« Les hommes employés à cette expédition devront être, autant que faire se pourra, jeunes, robustes, audacieux, d'une âme accessible à l'appât du butin.

» Il faut qu'à l'exemple de ce que faisaient les flibustiers dans les Antilles, ils sachent porter, au milieu de leurs ennemis, l'épouvante et la mort.

. . . .

» On pourrait incorporer dans ces troupes les condamnés par jugement aux fers ou à la chaîne en qui l'on reconnaîtrait les dispositions physiques et morales requises pour les individus employés à cette expédition. On assurerait à ces individus la possession du butin qu'ils feraient. On leur en promettrait la jouissance tranquille dans quelques-unes de nos colonies. Il faudrait en outre faire espérer aux condamnés la rémission de leurs peines, en récompense des services qu'ils auraient rendus à la patrie.

» Le premier noyau de ces hommes, au nombre d'environ deux mille, serait organisé en compagnies d'environ cinquante hommes chacune qui auraient leurs officiers et seraient subordonnés à un chef unique chargé de l'ensemble des opérations. Ce chef serait investi d'une très-grande autorité.

. . . .

» Il ne faut pas perdre de vue qu'une expédition tentée d'abord avec aussi peu de monde ne peut réussir que par des moyens extraordinaires.

» Il ne faut point de grands approvisionnements en effets d'habillement : les ressources de la troupe seront dans son courage et dans ses armes.

. . . .

» Il faut que le débarquement se fasse sur plusieurs points de la côte, soit parce que la désolation et la terreur portées dans une grande étendue de terrain multiplieront aux yeux de nos ennemis la quantité de nos forces, soit parce que les moyens de subsistance en seront plus faciles.

» En arrivant, les chefs s'annonceront, eux et leurs soldats, comme *vengeurs de la liberté* et *ennemis des tyrans*.

. . . .

» Il faut que la troupe jure *guerre aux châteaux* et *paix aux chaumières*, et que sa conduite, surtout au début, soit conforme à cette déclaration.

» A mesure qu'ils avanceront, ils ouvriront les prisons, recruteront les détenus, les incorporeront :

ils appelleront les ouvriers, les indigents, les mécontents, à faire cause commune avec eux, leur présenteront des armes, des subsistances ; leur offriront l'appât du butin. Ils briseront toutes les voitures.

. . . .

» Il faut poursuivre l'ennemi à outrance quand il est battu, et ne point faire quartier aux prisonniers.

» Il faut rompre les ponts, couper les communications, arrêter et piller les voitures publiques, brûler tout ce qui appartient à la marine... sommer les communes de rendre leurs armes ; exécuter militairement celles qui résisteraient[1]... »

Note E.

Dans une lettre écrite de Meaux et datée du 26 pluviôse an V (14 février 1797), Hoche raconte à son beau-frère Debelle une fête patriotique dont il fut témoin à l'occasion de la prise de Mantoue. Ayant aperçu le cortége, il le suivit et entendit le discours d'un officier municipal qui, dans l'attente probable d'une contre-révo-

---

[1]. Extrait du livre publié par le marquis de Grouchy sous ce titre : *Le général de Grouchy et l'Irlande en 1796*, pages 16-23.

lution royaliste, trouva moyen de ne point prononcer les mots compromettants de *citoyen* et de *république*, afin d'être en règle à tout événement. Hoche, en rappelant ce souvenir, ne peut contenir son indignation : « Voilà bien nos Français ! écrit-il ; être tour à tour constitutionnel avec Lacour, modéré avec Brissot, jacobin sous Robespierre, thermidorien avec André Dumont, et royaliste ainsi que le sont devenus quelques enragés démagogues, tels sont les principes de cette classe moutonnière qui se compose de la majorité des rentiers, des fonctionnaires publics actuels, avocats, procureurs et bourgeois, pour qui le retour à l'ancien ordre de choses est une espèce de résurrection... et dont l'opinion constante est que peu importe l'opinion nationale, la prospérité publique, le commerce et les arts compromis par des réactions continuelles, pourvu que la soupe soit bien chaude et qu'on ne demande pas d'impôts. Peuple malheureux !... tu mérites ton sort[1]. »

Note F.

Hoche reconnaissait, dit son biographe, M. Bergounioux, qu'un État monarchique comporte peut-

[1]. Lettre communiquée.

être plus de libertés qu'un État républicain, et néanmoins il était fort opposé au rétablissement de la royauté... « Quel que fût le monarque, écrivait Hoche, et par cela seul qu'il serait le monarque, il lutterait contre le principe, contre l'essence de la révolution qui est l'abolition des classes ; il serait malgré lui forcé de recréer une noblesse, et la résurrection de cette noblesse deviendrait la cause de sa ruine en irritant le *tiers État* qui ne serait plus TOUT, c'est-à-dire TOUT LE MONDE. La monarchie tomberait par le seul fait de cette tentative. Nouvelle révolution. Il nous faut un gouvernement qui consacre, dans le fait comme dans le droit, le principe de l'égalité... ce gouvernement ne peut être que le gouvernement républicain [1]. »

Quant au personnel de ce gouvernement, Hoche ajoute : « Voilà mes idées fondamentales : président électif, rééligible, deux chambres, l'une entièrement élective, l'autre pour moitié seulement [2]. »

On voit, dans d'autres documents, combien ses idées sur l'organisation politique en général étaient encore indécises, peu pratiques et parfois même contradictoires. Ainsi, par exemple, son bon

---

[1]. Lettre de Hoche au général Chérin, citée par M. Bergounioux.
[2]. *Ibid.*

sens naturel le mettait en garde contre les dangers inséparables du suffrage universel, il voyait avec raison dans le vote politique moins un droit qu'une fonction, et il n'ignorait pas que toute fonction suppose une certaine capacité au moins présumée dans celui qui la remplit. « Tout homme, disait-il, n'est pas un citoyen, » et il craignait de convier la multitude sur la place publique. Le patriotisme n'était pas pour lui une garantie suffisante. « Le peuple qui souffre, écrivait-il au Directoire, est toujours désireux d'un mieux quelconque, et il croit le trouver en changeant sans cesse[1]. » Cependant, malgré ce péril, Hoche adoptait le suffrage universel comme base de l'élection, mais sous la condition d'être réglementé et non exploité, soit par les aristocrates, soit par les démagogues, « desquels, disait-il, la France, vraiment laborieuse, patriote, honnête, aura longtemps à se défendre. »

Hoche avait imaginé, dans ce but, un système bon peut-être en théorie, mais fort difficile à mettre en pratique ; il voulait que la presse fût libre, mais que les noms propres fussent mis hors de toute discussion et qu'il y eût à l'égard des candidats, dans les élections, abstention absolue du gouvernement et de la presse ; il voulait enfin qu'ils

---

[1]. Rapport de Hoche au Directoire. Citation de M. Bergounioux.

ne fussent désignés que par la considération générale et la notoriété publique : « Agir autrement, disait-il à Chérin, serait faciliter les menées de l'aristocratie et de la démagogie. Ce sont deux minorités qu'il faut désarmer et empêcher de faire trop de bruit. C'est servir la liberté que de la restreindre chez qui la réclame pour opprimer [1]. » Revendiquer la liberté de la presse en face du suffrage universel et en même temps interdire à la presse toute immixtion dans les élections, c'est une anomalie qui étonne dans un homme d'un sens si droit, et qui ne s'explique que par le défaut de toute expérience pratique.

Note G.

Extrait d'une lettre écrite par Hoche à sa femme, le 9 juin 1795, sur l'éducation des filles.

En général l'éducation en France ne vaut rien, celle que l'on donne aux femmes surtout. Nous faisons de nos filles des coquettes étourdies ou des Agnès dont la timidité rebute. Les Anglais s'y con-

[1]. Lettre de Hoche au général Chérin.

naissent mieux que nous : leurs femmes sont décentes, instruites ; elles parlent à propos et ne connaissent pas ce que nous appelons timidité. On laisse aux filles la liberté de sortir, de parler aux hommes : leurs mères leur inspirent de l'horreur pour le vice, de la défiance contre la séduction, et du reste elles ne les traitent pas en esclaves. Aussi remarque bien, ma chère amie, que telle fille qui, lorsqu'elle était chez ses parents timide et ne parlant jamais sans rougir, est à peine mariée qu'elle ne connaît souvent plus de frein. Pourquoi ses parents l'ont-ils traitée en esclave, etc., etc.?

. . . .

(Lettre communiquée).

FIN.

TABLE DES MATIÈRES

Avertissement de l'auteur............................

PREMIÈRE PARTIE.

I. — Première jeunesse. — Hoche aux gardes françaises.............................	1
II. — Causes et préludes de la Révolution française. — La Bastille. — Journées d'octobre...........	9
III. — Progrès de la Révolution. — Premières défaites et victoires. — Hoche à l'armée des Ardennes.	19
IV. — Dunkerque. — Wissembourg................	44
V. — Mariage de Hoche. — Son départ pour l'armée d'Italie.................................	66
VI. — Disgrâce et captivité........................	75

SECONDE PARTIE.

I. — Guerre de la Vendée. — Chouannerie........	101
II. — Hoche dans les départements de l'Ouest. — Amnistie et première pacification...........	110

TABLE DES MATIÈRES

III. — Traités de la Jaunaye et de la Mabilais. — Reprise des hostilités........................ 120
IV. — Quiberon. 137
V. — Suite et fin des opérations de Hoche dans l'Ouest. — Pacification de la Bretagne et de la Vendée. 168
VI. — Expédition d'Irlande..................... 198
VII. — Hoche, général en chef de l'armée de Sambre-et-Meuse. — Campagne de 1797 sur le Rhin... 212
VIII. — Coup d'État de fructidor. — Maladie et mort du général Hoche......................... 225
Notes et pièces justificatives.................... 253

FIN DE LA TABLE.

Imprimerie de L. Toinon et Cie, à Saint-Germain.

www.ingramcontent.com/pod-product-compliance
Lightning Source LLC
Chambersburg PA
CBHW050318170426
43200CB00009BA/1371